Friedrich Seebaß

Paul Gerhardt

Friedrich Seebaß

Paul Gerhardt

BRUNNEN VERLAG GIESSEN/BASEL

ABCteam-Bücher erscheinen in folgenden Verlagen:
Aussaat- und Schriftenmissions-Verlag Neukirchen-Vluyn
R. Brockhaus Verlag Wuppertal
Brunnen Verlag Gießen
Bundes Verlag Witten
Christliches Verlagshaus Stuttgart
Oncken Verlag Wuppertal

Jubiläumsausgabe
Ein Band aus der Reihe „ZEUGEN DES GEGENWÄRTIGEN GOTTES“, einer Biographiensammlung, deren erste Bände 1936 erschienen.

CIP-Kurztitelaufnahme der Deutschen Bibliothek

Seebaß, Friedrich:
Paul Gerhardt: [„Sollt ich meinem Gott nicht singen?“] /
Friedrich Seebaß. –
4. Aufl. – Gießen; Basel: Brunnen-Verlag, 1986.
(ABC-Team; 3801: Taschenbücher)
ISBN 3-7655-3801-9
NE: GT

4., bearbeitete Auflage

Umschlaggestaltung: Martin Künkler
Umschlagfoto: Brunnen-Archiv
Die Fotos auf den Seiten 23, 29, 55 und 73 wurden uns freundlicherweise von der Evangelischen Zentralbildkammer Bielefeld zur Verfügung gestellt.
Satz: Typostudio Rücker & Schmidt Niederkleen
Herstellung: Ebner Ulm

Inhalt

Vorwort

Lieber Paul Gerhardt,

wir haben uns zwar nie persönlich gesehen oder kennengelernt, dennoch erlaube ich mir, Sie anzusprechen. Ich bin lutherischer Pfarrer wie Sie: Geistlich sind wir also miteinander verwandt. Ganz besonders aber fühle ich mich durch Ihre Gedichte mit Ihnen verbunden. Sie treffen das Herz meines Glaubens und meiner Theologie.

Wieviel Freude und Segen, Halt und Trost haben Sie mir schon gebracht! Ich kenne viele geistliche Lieder, die ich gerne lese und singe: von Martin Luther oder Philipp Friedrich Hiller, von Albert Knapp oder Gerhard Tersteegen, von Karl Johann Philipp Spitta oder Graf Zinzendorf. Ich freue mich einfach darüber, daß unser Gott uns einen solchen Reichtum an geistlichen Gedichten und Liedern in der evangelischen Christenheit geschenkt hat.

Aber Ihre Gedichte, die von ihren beiden Kantoren Johann Crüger und Johann Georg Ebeling so großartig vertont worden sind, sprechen mich besonders an. Gott hat Ihnen die besondere Gabe verliehen, das Evangelium in Verse zu fassen. Die schöne und bilderreiche Sprache hebt sich wohltuend ab von manchen seichten „Ergüssen“ unserer Tage.

Man spürt es Ihren Gedichten ab, daß sie nicht am Schreibtisch ersonnen sind. Sie vermitteln keine graue Theorie, sondern zeigen eine weite geistliche Erkenntnis und tiefe Lebenserfahrung.

Ich kenne ein wenig Ihr Leben. Ein großer Teil war überschattet durch den schrecklichen Dreißigjährigen Krieg. Leid und Tod haben Sie in großem Maße erfahren.

Berufliche Schwierigkeiten blieben Ihnen auch nicht erspart.

Das alles hat Ihr Leben geprägt. Aber Sie wurden an Gott nicht irre, wenngleich ich mir denken kann, daß es in Ihrem Leben auch manche Anfechtung gab. Gott blieb Ihnen „das Größte, das Schönste und Beste, das Süß'te und Allergewiß'te", wie es in Ihrem unvergleichlichen Morgenlied von der „güldnen Sonne" heißt.

Immer wieder bewundere ich die Vielseitigkeit Ihrer Lieder. Sie begleiten uns durch das Kirchenjahr. Sie begegnen uns an besonderen Stationen des Lebens: bei Taufen, Hochzeiten oder Beerdigungen. Sie rufen uns auf zum Lobe Gottes, und sie trösten uns in Stunden der Dunkelheit. Sie geben uns Hilfe zum Gebet, und sie schließen uns die Schönheiten der Schöpfung auf. Sie umschließen den Tag – wie gerne singe ich Ihre Morgen- und Abendlieder!

Ich will jetzt nicht ins Schwärmen kommen und Ihnen alle Verse vortragen, die ich aus Ihren Gedichten besonders schätze und liebhabe. Aber ein Lied möchte ich hervorheben, es ist das Lied, das Sie dem 8. Kapitel des Römerbriefes abgelauscht haben. Ich möchte es als mein Lieblingslied bezeichnen: „Ist Gott für mich, so trete / gleich alles wider mich..." Da haben Sie von dem Grund geschrieben, der unser Leben trägt: Christus und sein Blut. Da haben Sie in einer einzigartigen Weise die Botschaft von der Gerechtsprechung durch Christus uns ins Herz gesungen. Da haben Sie die große Hoffnung aufleuchten lassen: wenn Sie singen von der „neuen, edlen Stadt", die Gott selbst erbaut hat, und in der Aug' und Herze schauen darf, was es geglaubt hat. Und wie köstlich ist der letzte Vers, in dem Sie sich die ganze Heilsfreude vom Herzen schreiben und singen, weil wir – aus dem Dunkel der Sünde und des Todes befreit –

in der Sonne leben dürfen, die unser Herr Jesus Christus ist!

Ich möchte Ihnen einfach danken für diesen Schatz an geistlichen Gedichten und Liedern, die Sie der ganzen Christenheit geschenkt haben. Als echter Lutheraner werden Sie entgegnen: Der Dank gebührt nicht mir, sondern dem Schöpfer, der mir die Gaben gegeben hat. Aber gestatten Sie es mir dennoch, namens vieler Christen, auch Ihnen zu danken, daß Sie Ihr Pfund, das Ihnen anvertraut worden ist, nicht vergraben haben, sondern es zum Segen vieler Menschen eingesetzt haben.

In herzlicher Verbundenheit grüße ich Sie als einer, der mit Ihnen „auf der Straße ist, die nach der Heimat führt".

Kurt Heimbucher

Das Leben

Gräfenhainichen

Während wir über manche Dichter von Kirchenliedern aus der Zeit des Dreißigjährigen Krieges gut unterrichtet sind, wissen wir vom Leben Paul Gerhardts nur sehr wenig. Das liegt nicht nur an den besonderen Lebensumständen des Dichters und daran, daß die meisten Akten und Urkunden der Kirchenbücher, auch fast alle persönlichen Briefe von ihm und an ihn vernichtet wurden. Es liegt auch an der Bescheidenheit des Mannes, der in keiner Weise etwas für sich tat und um seinen Nachruhm besorgt war, der ganz gegen seinen Willen und gegen seine friedfertige Natur in das Licht der Öffentlichkeit gezerrt wurde, als es zum Zusammenstoß mit seinem Landesherrn kam. So liegen sein privates Dasein und sein amtliches Wirken weithin im Dunkel, und erst die Forschung der neueren Zeit hat seinen Lebensgang etwas erhellt.

Selbst sein Geburtstag und -jahr waren bis vor wenigen Jahrzehnten ungewiß. Heute kann aber mit ziemlicher Bestimmtheit gesagt werden, daß der Dichter am 12. März 1607 in Gräfenhainichen unweit der Lutherstadt Wittenberg geboren wurde und in der bescheidenen Umwelt dieses kleinen Landstädtchens heranwuchs.

Hier war sein Vater Christian Gerhardt Bürgermeister und Schöppenmeister, der von seinem Großvater Ackerland und eine Gastwirtschaft geerbt hatte. Er war am 12. Mai 1605 in der Stadtkirche zu Eilenburg mit „Jungfraw Dorotea, einer hinterlassenen Tochter des Ehrwürdigen Achtbarn wolgelarten Herrn Magister Caspar Starcken Superintendenten“ getraut worden, wie eine

Eintragung im Kirchenbuch meldet. Die Mutter Paul Gerhardts stammte also aus einem lutherischen Pfarrhause. Schon ihr Großvater hatte als Superintendent in dieser Stadt gewirkt. Nach dem Großvater väterlicherseits erhielt der zweitgeborene Sohn des Paares den Namen Paulus – so pflegte der Dichter lebenslänglich selbst zu unterzeichnen.

Damals galt allgemein in den Ländern der Reformation, daß die Bevölkerung der evangelischen Städte ihre geistige Nahrung von der Kirche erhielt, in zweiter Linie von der Schule, die freilich auch von der Kirche gegründet und geleitet wurde. Dazu kam noch die in jeder größeren Gemeinde bestehende Kantorei als Mittelpunkt geistiger und geselliger Bildung, vor allem durch die Pflege der geistlichen Musik, die gerade in Kursachsen seit der Reformation in hoher Blüte stand. So war es auch in Gräfenhainichen, wo Paul Gerhardt in strenger Zucht aufwuchs, wobei zu vermuten ist, daß die aus hochgebildeter, strenggläubiger Familie stammende Mutter einen ernsten Einfluß auf seine Erziehung gehabt hat.

Auf seine frühe Jugend fielen tiefe Schatten, die sich durch die gegenseitige Bekämpfung der beiden aus der Reformation erwachsenen Bekenntnisse – der Lutheraner und Calvinisten – über Deutschland legten und die für den Dichter auf dem Höhepunkt seines Lebens von traurig entscheidender Bedeutung wurden.

Daß auch in seiner Heimat diese Spannung fühlbar war, lag daran, daß nicht nur das unmittelbar vor den Toren Gräfenhainichens liegende Land Anhalt durch den Konfessionswechsel seines Fürsten zum reformierten Glauben in innere Kämpfe verwickelt war. Auch im Stammland Luthers selbst gab es durch die Religionspolitik der sächsischen Kurfürsten durch Jahrzehnte schwere Wirren, die sich erst durch die mit aufrichtigem allgemeinem Jubel begangene Jahrhundertfeier der Reformation (1617), unmittelbar vor Ausbruch des Dreißigjährigen Krieges, beruhigten.

Dieser Krieg begann, als Paul Gerhardt elf Jahre alt war. So mag der Knabe schon manches unter dem angstvollen Druck gelitten haben, der seitdem über den deutschen Ländern lag, heißt es doch später in seinem „Pilgerlied“:

Was ist mein ganzes Wesen
von meiner Jugend an
als Müh' und Not gewesen?
Solang ich denken kann,
hab' ich so manchen Morgen,
so manche liebe Nacht
mit Kummer und mit Sorgen
des Herzens zugebracht.

Wer die Prosa eines großen Dichters kennenlernen will, woraus die ganze seelische und leibliche Not eines Knaben hervorgeht, der lese den ersten ausführlichen Erziehungs- und Kulturroman aus jener Zeit, den „Simplizissimus“ von Grimmelshausen.

Grimma

Die heimatliche Schule gab Paul Gerhardt die ersten Grundlagen, und wir können annehmen, daß er dort gründlich die lateinische Grammatik erlernte und im Gesang für den kirchlichen Dienst ausgebildet wurde. Die Mutter starb, als er vierzehn Jahre alt war.

Im Jahre darauf, am 4. April 1622, folgte er dem älteren Bruder Christian auf die Fürstenschule Grimma, wo er nach der Vorschrift ein Examen über die ganze Kenntnis von Luthers Katechismus ablegen und seine Fertigkeit im Schreiben einer lateinischen Epistel unter Beweis stellen mußte. Dort blieb er die vorgeschriebenen sechs Jahre als Kostschüler.

Diese berühmte Erziehungsanstalt war wie Meißen und Schulpforta durch Verfügung des Kurfürsten Moritz entstanden, und zwar 1550 im ehemaligen Augustinerkloster. Die Stadt lag am linken Ufer der Mulde in einer von Melanchthon wegen ihrer Fruchtbarkeit und gesunden Luft gerühmten Gegend. Von ihrem Ursprung her bewahrte diese Schule noch ein stark klösterliches Gepräge, was sich auch in der mönchsähnlichen Kleidung zeigte, die alle im Internat zu tragen hatten.

Das Ziel dieser aristokratisch eingestellten, protestantischen Gelehrtenschule war ein humanistisches Christentum, das durch strenge Schulung in den klassischen Sprachen und durch unablässige Pflege des christlichen Unterrichts im Sinne des gläubigen Luthertums erreicht werden sollte. Der erste Rektor, Adam Siber (gest. 1584), hatte durch seine pädagogischen Grundsätze den Geist der Anstalt bestimmt, indem er die biblischen Stoffe gegenüber den antiken im Lehrplan bevorzugte und außerdem die Schüler dazu brachte, daß sie die lateinische Verskunst beherrschten.

Während Christian Gerhardt an den hohen Forderungen der Schule scheiterte und trotz schwerer Strafandrohung heimlich aus Grimma floh, scheint sein Bruder Paul die Klassen ohne große Schwierigkeiten durchlaufen zu haben. Einige knappe Nachrichten lassen uns einen raschen Blick auf sein dortiges Leben tun: Während die Kriegsstürme in jenen Jahren Grimma kaum berührten, wütete im Jahre 1626 die gefährliche Pest im Städtchen und forderte viele Opfer, so daß die Schulleitung gegen die strenge Regel alle Schüler beurlaubte, die von ihren Eltern zurückgefordert wurden. Paul Gerhardt aber blieb mit wenigen anderen, darunter zwei Freunden aus der Heimatstadt, mutig zurück.

An der regen Musikpflege des Collegium Moldanum, wie die Fürstenschule wegen ihrer Lage an der Mulde genannt wurde, wird er wohl lebhaft Anteil genommen haben. Hauptsächlich wurden lateinische Hymnen für den Gottesdienst und für die Schulandachten eingeübt, der Chor sang auch Werke berühmter Meister, u.a. Orlando di Lasso und Adam Gumpelzhaimer. Sonst konzentrierte sich die gelehrte Ausbildung in erster Linie auf genaue Kenntnis der Heiligen Schrift, des Katechismus und des Augsburger Bekenntnisses.

Paul Gerhardt gehörte durchaus nicht zu den besten Schülern. Als Achtzehnjähriger erhielt er das Zeugnis, er sei von nicht geringer Begabung und beweise Fleiß und Gehorsam. „Sein Stil kann zum großen Teil erträglich genannt werden, und auch seine Verslein sind erträglich."

Wittenberg

Am 3. Dezember 1627 verließ Paul Gerhardt endgültig Grimma, verbrachte die Weihnachtszeit im heimatlichen Gräfenhainichen, wo sein Vater – entgegen der bisherigen Überlieferung war er nicht schon 1619 gestorben – mit einer jüngeren Schwester des Dichters lebte, die den verwaisten Haushalt führte. Kurz darauf, am 2. Januar 1628, wurde er an der Landesuniversität Wittenberg als

Student der Theologie immatrikuliert, wo der in der ganzen evangelischen Kirche hochberühmte Lehrstuhl des Reformators stand.

Der entschieden konfessionelle Charakter war nicht nur der theologischen Fakultät, sondern der ganzen Universität deutlich aufgeprägt, wenn sich auch hier – an der Hauptbildungsstätte der kirchlichen und weltlichen Staatsdiener – im Laufe der Kriegsjahre die strenge Zucht lockerte und studentischer Übermut in rohe Ausschreitungen entartete.

Kurz bevor Paul Gerhardt den für ihn geheiligten Boden Wittenbergs betrat, war in einem Visitationsbeschluß von 1624 angeordnet, „daß die theologische Fakultät bei der ganzen Universität in fleißige Obacht nehmen solle, daß in *juridica, medica et philosophica facultate* die Fremden bei der Subskription der ungeänderten Augsburgischen Konfession, die Einheimischen aber und alle *candidati theologiae* zugleich auf das Konkordienbuch gewiesen (verpflichtet) werden". Vorkehrungen genug, um dem Einschleichen „fremden Giftes" erfolgreich zu wehren und die Bekenntniseinheit des sächsischen Landes unversehrt zu erhalten.

Die genannte Konkordienformel, auf die also auch Paul Gerhardt als Theologiestudent vereidigt wurde, nahm damit eine noch bedeutsamere Stellung im damaligen öffentlichen Leben ein als das Augsburger Bekenntnis. Sie galt als deren „gründliche, lautere, richtige und endliche Wiederholung und Erklärung", wie sie 1577 bei ihrer ersten Fassung bezeichnet worden war. Sogar die weltlichen Beamten mußten sich, bevor sie ihre Staatsstellung antraten, durch Unterschrift auf die Konkordienformel verpflichten. Sie war erwachsen aus den Bemühungen um den Zusammenschluß des durch theologische Streitigkeiten seit 1555 gespaltenen Luthertums.

An sich sind ihre zwölf Artikel kein eigentliches Bekenntnis, sondern eine Lehrschrift. Sie behandeln die bisherigen ungelösten Streitfragen, z.B. in der Lehre vom Abendmahl und von der Auffassung des Wesens Christi, indem eine reine und eine falsche Lehre unterschieden werden. Dabei wird einleitend die Heilige Schrift als Begriff, Regel und Richtschnur aller Lehre bezeichnet und im ganzen Verlauf der Formel eine klare Abgrenzung gegen den Calvinismus vorgenommen. Wenn sie auch nicht von allen lutherischen Ländern anerkannt wurde, so gelangte sie dennoch bei der Mehrzahl der evangelisch-lutherischen Fürsten und der Freien Städte zur Annahme und ausschließlichen Geltung.

Ganz besonders streng aber wurde sie in Kursachsen angewendet und durch die Bedeutung der Wittenberger Universität zur festen Grundlage der sich immer mehr verfestigenden lutherischen Orthodoxie des siebzehnten Jahrhunderts. Gerade der dortige führende Theologe Leonhard Hutter schrieb der Konkordienformel göttliche Eingebung zu und sorgte durch seine maßgebenden Schriften dafür, daß die in ihr festgelegten Glaubenssätze zur Abwehr aller Irrlehre den Studenten eingeprägt wurden. Auch nach Hutters Tod 1616 blieb sein Geist strengster Dogmatik maßgebend, und zwar nicht nur in Wittenberg.

Paul Gerhardt wuchs ganz hinein in diese Gesinnung, so daß er sein Leben lang in dieser heute völlig vergessenen Formel ein teures Gottesgeschenk sah. Nicht ein schlichtes und gewöhnliches Buch sei sie, wie er sich später einmal ausdrückte, „nicht ein Privatbekenntnis dieses oder jenes Individui, sondern ein Bekenntnis der ganzen gesamten lutherischen Kirche".

So schwer es für uns heute ist: An dieser Stelle müssen wir klar erkennen, wie stark Paul Gerhardt an die theologischen Auffassungen seiner Zeit gebunden war, die er als höchste Werte und Felsgrund alles Seins, als „rechten Glauben“ ansah. Nicht etwa das evangelische Wort allein war bestimmend, sondern die damalige dogmatische Auslegung galt als die lautere Wahrheit, und diese Bindung erfaßte nicht nur das Denken, sondern auch die Gewissen, wodurch es bei dem Hin und Her der streitenden Parteien zum immer heilloseren Riß kam.

Paul Gerhardt erhielt in den vierzehn Jahren seines Wittenberger Aufenthalts die entscheidende kirchliche und theologische Ausrichtung, die sein weiteres Leben und seine Dichtung unveränderlich prägten.

Über den allgemeinen Gang der damaligen Studien zu seiner Universitätszeit sind wir durch die eingehende Biographie Petrichs gut unterrichtet: Bei den Vorlesungen und Disputationen (akademischen Auseinandersetzungen) sprach man ausschließlich die lateinische Sprache. Den Anfang machte im ersten Jahr eine gründliche Beschäftigung mit den biblischen Schriften. Die nächsten Jahre kam die dogmatische Unterweisung hinzu, bis endlich in weiteren Jahren die Studenten in der Kunst der Polemik, d.h. der streitbaren Verteidigung der kirchlichen Auffassung und Bekämpfung anderer Lehren, geübt wurden. „Das Herzstück der Theologie gab also die Dogmatik ab. In der gedankenmäßigen Entwicklung und Ausfeilung der durch die Konkordienformel festgelegten Glaubenssätze bis zur äußersten Spitze, in ihrer systematischen Ordnung und polemischen Rechtfertigung hat das siebzehnte Jahrhundert seine Hauptaufgabe gesehen und gewaltige Kräfte entfaltet“ (Petrich).

Leider wissen wir kaum Einzelheiten aus dem langen Wittenberger Aufenthalt. Allerdings kennen wir die Persönlichkeiten seiner Professoren aus zeitgenössischen Berichten. Danach scheinen sie zwar die lutherische

Rechtgläubigkeit mit allem Ernst, aber noch von friedlichem Geist beseelt, vertreten zu haben, der bald darauf einer hemmungslosen Streitlust wich.

Sie führten den Kampf gegen den Synkretismus, d.h. gegen die zum Calvinismus neigende Richtung, zwar entschieden, aber ohne gehässige Schärfe und bemühten sich auch mit seelsorgerischem Eifer um die Pflege des persönlichen Glaubenslebens in der ihnen anvertrauten theologischen Jugend.

Als hervorragendster theologischer Lehrer Paul Gerhardts gilt der Professor und Generalsuperintendent Paul Röber, ein Mann von vielseitiger Begabung und schöngeistigen Neigungen, aber auch gerühmt als ein Mann der Bibel und der christlichen Mäßigung, der seinem Wahlspruch entsprechend *„pie prudenter patienter"*, d.h. auf fromme, kluge und geduldige Weise seine Schüler zur rechten Frömmigkeit führen wollte.

Es wird berichtet, daß er selbst in seinem Haus fleißig Musik trieb und seine Studenten ermunterte, morgens und abends Choräle zu singen. Wohl mit Recht hat man seinen tiefgehenden Einfluß auf Paul Gerhardt angenommen und ihm auch die ersten Anregungen seiner dichterischen Begabung zugeschrieben. Jedenfalls hat der Schüler Röbers einen Gesang seines Professors über die Macht des Todes bearbeitet, der später auch veröffentlicht wurde.

Wie es damals vielfach üblich war, hat sich Paul Gerhardt jahrelang als Hauslehrer in Wittenberg durchgeholfen. Die Zeiten waren schwer durch die Kriegszüge und Kriegsgreuel, die gerade auch das sächsische Land sehr schmerzlich heimsuchten. Nach bedeutenden Siegen war König Gustav Adolf im November 1632 gefallen, und seine Schweden, schnell entartet unter ihren Generälen, verwandelten Sachsen in eine Wüste. Paul Gerhardt hatte Gelegenheit genug, das Elend ohnegleichen mitanzusehen, wenn sich Tausende von Bauern und Kleinbürgern aus den Dörfern und Städtchen um Wittenberg in die rasch neubefestigte Universitätsstadt flüchteten. Es gab keine Sicherheit mehr auf dem Lande, der Handel stockte, die Bestellung der Felder ruhte, weil die Äcker verwüstet, ganze Dörfer spurlos verschwunden und viele Städte angezündet waren. Vielfach herrschten Pest und Hungersnot, Raub und Mord; Zuchtlosigkeit und Roheit nahmen zu.

In Wittenberg verursachte die Pest im Jahr 1636 eine große Entvölkerung der Stadt. So waren es Sterben und Untergang, was Paul Gerhardt täglich sah. Aus diesem Erleben heraus und aus eigener Anschauung klagte er später:

Sieh an, mein Herz, wie Stadt und Land
an vielen Orten ist gewandt
zum tiefen Untergang!

Es war schwer, ja unmöglich, sofort nach beendetem Studium irgendeine Anstellung als Geistlicher zu finden. Paul Gerhardt mußte froh sein, im Haus des Wittenberger Archidiakonus August Fleischhauer als Lehrer ein Unterkommen zu finden. Im Jahr 1637, drei Tage nach Ostern, wurde seine Heimatstadt Gräfenhainichen von den schwedischen Soldaten in Brand gesetzt. Dabei fielen neben der Kirche, Schule, Pfarrhaus und Schloß auch das dem Vater Christian Gerhardt gehörende Wohngebäude, Brauhaus, Stallung und Scheune den Flammen zum Opfer. Der Vater selbst starb am 7. November desselben Jahres. Wie wir aus dem noch vorhandenen Sterbebuch erfahren, haben Hunger, Tod und Pest auch in den folgenden Jahren unter den Einwohnern gewütet.

Aus den Wittenberger Jahren hören wir nur von zwei Gelegenheitsgedichten Paul Gerhardts. Das erste, in deutscher Sprache, entstand aus Anlaß einer Feuersbrunst in Wittenberg 1641 und erinnert an eine Stelle im Propheten Hosea. Noch ziemlich ungelenk im Ausdruck, beginnt es mit folgenden Zeilen, die Gott in den Mund gelegt sind:

Was soll ich doch, o Ephraim,
was soll ich aus dir machen,
der du so oftmals meinen Grimm
hast pflegen zu verlachen?

Das zweite ist datiert: 26. April 1642; eine lateinische Widmung für die Magisterkrönung des Herrn Jakob Wehrenberg aus Hamburg. Dieses Gedicht erscheint viel gewandter und anmutiger als das vorhergehende. In der freien Übersetzung von Karl Hesselbacher lautet es folgendermaßen (die Wittenberger Universität wird in den folgenden Hexametern als die „Mutter“ bezeichnet):

Gleichwie aus sonnüberströmeten Gärten
die liebliche Flora
goldener Blumen Kranz lächelnd
aufs Haupt sich drückt,
so erscheinst du uns, den Freunden,
jugendlich herrlich,
mit der Krone geschmückt,
die dir die „Mutter“ verlieh.
Daß du allzeit so bliebst,
mög’ Gottes Gnade dich kränzen:
Freude kröne das Herz,
ewiges Heil dir das Haupt!

Berlin

Im Jahre 1643 schreibt er für ein befreundetes Paar in Berlin zur Hochzeit eine deutsche „Ode“, die schon seine spätere Eigenart durch leichten Fluß der Verse, Volkstümlichkeit der Bilder und Herzlichkeit des Tones verrät:

Ein Schifflein, das im Meere läuft,
muß manchen Sturm erfahren
und bleibet dennoch überhäuft
mit edlem Gut und Waren:
es streicht dahin, und Gottes Hand,
die führt und bringt es an das Land
bei gutem Wind und Wetter.

Ein Röslein, wenn's im Lenzen lacht
und in den Farben pranget,
wird oft von Regen matt gemacht,
daß es sein Köpflein hanget.
Doch wenn die Sonne leucht't herfür,
sieht's wieder auf und bleibt die Zier
und Fürstin aller Blumen...

Wie Paul Gerhardt nach Berlin kam, erfahren wir nicht. In der Unterschrift des Gedichtes bezeichnet sich der Sechsunddreißigjährige als *studiosus theologiae*. Vermutlich ist er durch den Vater der besungenen Braut, den Kammergerichtsadvokaten Andreas Berthold (Barthold), von Wittenberg nach Berlin geholt worden. In dessen Hause hat er wohl als Lehrer der Enkelkinder gewirkt.

Berlin litt damals schwer unter den Kriegsfolgen. Ohne die eigentliche kurfürstliche Residenz in Cölln auf der anderen Spreeseite zählte diese brandenburgische

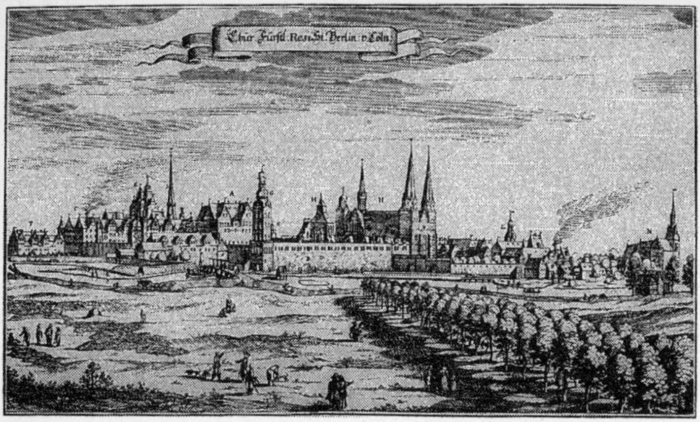

Berlin zur Zeit Paul Gerhardts.

Landstadt nur noch sechstausend Einwohner, die fast alle völlig heruntergekommen waren, von den Ratsleuten, Staatsbeamten und Hofdienern einmal abgesehen, die von Friedrich Wilhelm, dem Großen Kurfürsten, angestellt waren. Er hatte am 1. Dezember 1640 die Regierung angetreten und mit fester Hand für Ruhe und Ordnung in seinem Land gesorgt.

Vom Wirken Paul Gerhardts in dieser Stadt ist nichts Näheres bekannt. Doch muß er sich dort einen geachteten Namen verschafft haben, wie wir aus dem folgenden Dokument erfahren. Es handelt sich um die Antwort des geistlichen Ministeriums an den Magistrat der Nachbarstadt Mittenwalde, der sich mit der Bitte nach Berlin gewandt hatte, ihm eine geeignete und tüchtige Kraft für die dortige Propststelle zu empfehlen, die durch Todesfall frei geworden sei. In dem Antwortschreiben heißt es:

„Wir sind hierüber einmüthig zu Rath gegangen, wie wohl wider sein Bewußt, welches wir daher auch für den aufrichtigsten und besten Dienst halten, den Ehrenvesten, Vorachtbaren und Wohlgelahrten Herrn Paulum Gerhardt, sanctissimae theologiae Candidatum, welcher allhier bei uns sich in des Churfürstlichen Brandenburgischen Kammergerichts-Advocati, Herrn Andres Barthels Hause befindet, bester Maaßen unseren Herrn zu solchem Amte anzutragen, in der Versicherung, daß wir in diesem wohlgemeinten Vorschlag Ihrer Christlichen Gemeine eine solche Person fürhalten, deren Fleiß und Erudition (Bildung) bekannt, die eines guten Geistes und ungefälschter Lehren, dabei auch eines ehr- und friedliebenden Gemüthes und christlich untadelhaften Lebens ist, daher auch bei Hohen und Niedrigen unseres Orts lieb und wert gehalten und von Uns alle Zeit das Zeugnis erhalten wird, daß er auf unser freundliches Ansinnen zu vielen Mahlen mit seinen von Gott empfangenen werthen Gaben um unsere Kirche sich beliebt und wohl verdient gemacht hat."

Günstiger hätte das Zeugnis nicht lauten können, und so wurde Paul Gerhardt als Propst von Mittenwalde und Inspektor der umliegenden Landpfarren gewählt. Bevor er sein erstes Amt antrat, wurde er nach vorangehender Prüfung ordiniert, wobei er sich auf Veranlassung des geistlichen Ministeriums, aber gegen den Willen des Kurfürsten schriftlich verpflichtete, „daß er bei der Lehre der unveränderten Augustana, der Apologia, der Schmalkaldischen Artikel, der Katechismen und der Konkordienformel gemäß der prophetischen und apostolischen Schrift mit Gottes Hilfe bis an sein Lebensende unverbrüchlich beharren wolle".

Ehe wir ihn nach Mittenwalde begleiten, muß schon hier auf sein reiches Schaffen hingewiesen werden, von dem wir durch die frühesten Veröffentlichungen seiner geistlichen Lieder im ältesten Berliner Gesangbuch erfahren.

Dieses Buch wurde 1646 von dem dortigen großen Orgelmeister und Komponisten Johann Crüger unter dem Titel herausgegeben „Praxis pietatis melica, das ist Übung der Gottseligkeit in christlichen und trostreichen Gesängen Herrn Dr. Martini Lutheri fürnehmlich, wie auch anderer seiner getreuen Nachfolger und reiner evangelischer Lehre Bekenner. Mit beigesetzten Melodien".

Diese Ausgabe erhielt achtzehn der bekanntesten Lieder Paul Gerhardts, während die fünfte Ausgabe vom Jahre 1653 bereits einundachtzig brachte, darunter das berühmte schwungvolle Danklied zur Verkündigung des Westfälischen Friedens 1648.

Da es nicht in unseren Gesangbüchern aufgenommen wurde, seien hier wenigstens die erste und letzte Strophe wiedergegeben:

Gott Lob! Nun ist erschollen
das edle Fried- und Freudenwort,
daß nunmehr ruhen sollen
die Spieß' und Schwerter und ihr Mord.
Wohlauf und nimm nun wieder
dein Saitenspiel hervor,
o Deutschland, und sing Lieder
im hohen, vollen Chor!
Erhebe dein Gemüte
zu deinem Gott und sprich:
Herr, deine Gnad' und Güte
bleibt dennoch ewiglich!

Ach, laß dich doch erwecken,
wach auf, wach auf, du harte Welt,
eh' als das harte Schrecken
dich schnell und plötzlich überfällt!
Wer aber Christum liebet
sei unerschrock'nes Mut's;
der Friede, den er gibet,
bedeutet alles Gut's.
Er will die Lehre geben:
das Ende naht herzu,
da sollt ihr bei Gott leben
in ew'gem Fried' und Ruh.

Das genannte Gutachten deutet die Fülle von Segen nur an, die schon von dem bescheidenen Sänger und Seelsorger ausgegangen war, der so gar nichts aus sich machte und sich weder damals noch später um die Sammlung und Herausgabe seiner Werke kümmerte.

Mittenwalde

Endlich also war der vierundvierzigjährige Kandidat Pfarrherr, wenn auch nicht gerade ein wohlbestallter, und so konnte er auch erst nach vier Jahren die im stillen geliebte Tochter seines Berliner Freundes, Anna Maria Berthold, als seine Lebensgefährtin heimholen. Sie wurde am 10. Mai 1622 geboren und war damals schon zweiunddreißig Jahre alt. Am 11. Februar 1655 wurde das Brautpaar im Hause Berthold in Berlin vom Propst Vehr getraut.

Paul Gerhardt besaß in ihr die treuste und verständigste Stütze bei seinem überaus schweren Beruf in der von unsäglichen Leiden völlig zerrütteten Stadt. Schweden und Kaiserliche hatten im Jahre 1637 fürchterlich in ihr gehaust, wobei der Amtsvorgänger Gerhardts, Propst Gallus Luther, „der das Heiligtum vor den Hunden hatte schützen wollen", von einem beutegierigen schwedischen Soldaten am Altar der Kirche niedergeschossen worden war. Wir besitzen keinerlei Nachrichten über seine dortige Amtszeit, aber wir können ahnen, wie elend es um das dortige Volk stand.

Theodor Fontane, der berühmte Verfasser der „Wanderungen durch die Mark Brandenburg", schreibt:

„Freudig begann er sein Amt voll guten Muts, all der Gegnerschaften und Widerwärtigkeiten Herr zu werden, an denen es von Anfang an nicht mangelte. Neid, verletztes Interesse, gekränkte Eigenliebe erschwerten ihm Amt und Leben, aber wenn er dann abends an dem offenen Hinterfenster seiner Arbeitsstube saß und über die Stadtmauer hinweg in die dunkler werdenden Felder blickte, während von der Propsteikirche her der Abend eingeläutet und eine alte Volksweise vom Turm geblasen wurde, dann ward ihm das Herz weit, und den Atem Gottes lebendiger fühlend, kam ihm selber ein Lied und mit dem Liede Glück und Erhebung.

Es war die Volksweise ‚Innsbruck, ich muß dich lassen', die vom Turm herab allabendlich erklang, dieselbe alte Weise, von der Sebastian Bach später zu sagen pflegte: er gäbe alle seine Werke darum hin, und der fromme Paul Gerhardt, der wohl wissen mochte, wie seine Gemeinde daran hing, trachtete jetzt danach, der schönen alten Melodie tiefere Texteswarte zu Grunde zu legen. So entstand das Abendlied: Nun ruhen alle Wälder, Vieh, Menschen, Städt' und Felder, es schläft die ganze Welt...

Nicht froh aber waren diese Mittenwalder Tage, selbst äußere Not gesellte sich hinzu, und als der auch jetzt noch in seinem Glauben und Hoffen unerschüttert Bleibende jenes Vertrauenslied anstimmte, das von Strophe zu Strophe die Worte wiederholt: ‚Alles Ding währt seine Zeit, Gottes Lieb' in Ewigkeit', da ging das über die Kraft des schwachen Herzens seiner Frau hinaus. Tiefe Schwermut ergriff sie. Paul Gerhardt selbst aber, in jener Freudigkeit der Seele, wie sie das Vorgefühl eines nahen Sieges und endlicher Erhörung bleibt, schlug seine Bibel auf und las die Worte des Psalmisten: ‚Befiehl dem Herrn deine Wege und hoffe auf ihn, er wird's wohl machen', und einem Funken gleich fiel das Wort in seine Brust, er mußte freier aufatmen, die Stube ward ihm zu eng, und auf- und abschreitend in den Gängen des alten Propsteigartens entquollen ihm die ersten Strophen zu jenem großen Trostes- und Vertrauensliede: ‚Befiehl du deine Wege...'

Bewegt, aber auch erhoben, ging er in das Haus zurück, empfand er sich doch als Träger einer Botschaft, der kein Herz widerstehen könne. An der schwermütigen Stimmung seiner Frau erprobte das Lied zum erstenmal seine wunderbare Kraft. Alles Leid floß hin in Tränen, alle Trübsal wurde Licht, und eh noch der Rausch gehobenster Empfindung vorüber war, war auch schon die Hilfe da – ein Abgesandter, ein Brief, der den Mittenwalder Propst als Diakonus an die Berliner Nicolaikirche berief. Er reichte seiner Hausfrau das Schreiben und sagte ruhig: ‚Siehe, wie Gott sorget! Befiehl dem Herrn deine Wege und hoffe auf ihn, er wird's wohl machen.'"

Von dem tiefen Leid, das kurz vor seinem Abschied von Mittenwalde das Pfarrerspaar traf, erfahren wir aus einer Gedenktafel unter dem Orgelchor der Kirche. Ein

Grabmal für Maria Elisabeth, die Tochter von Paul Gerhardt.

grüner Kranz faßt die folgende Inschrift ein, und Engelsköpfe schmücken die vier Ecken:

Maria Elisabeth
Pauli Gerhardts damaligen Probstes
allhier zu Mittenwalde und Annae Mariae Bertholdin
erstgeborenes hertzliebes Töchterlein
so zur Welt gekommen d. 19. Mai Ao. 1656
und wieder abgeschieden d. 14. Januario Ao. 1657
hat allhier ihr Ruhebettlein
Und dieses Täfflein zum Gedächtnuß
von ihren lieben Eltern
genes. 47 v. 9
Wenig und böse ist die Zeit meines Lebens

Zweiter Berliner Aufenthalt

Nachdem der Berliner Ratsherr und Kämmerer Martin Richter Ende Mai 1657 das Amtsschreiben des Rates mit dem Inhalt überbracht hatte: Paul Gerhardt sei einstimmig zum Diakonus an der Berliner Nicolaikirche erwählt, prüfte dieser gewissenhaft das ehrenvolle Angebot eine Woche lang, bis er am 4. Juni antwortete:

> „Wenn ich denn nach fleißiger Anrufung des Namens Gottes und reifer Erwägung der so einhellig auf mir gefallenen Stimmen so viel abnehme, daß der liebe Gott in diesem Werke seine sonderbare Schickung und Regierung habe, als wird mir nicht anstehen, diesem großen und allgewaltigen Herrn zu widerstreben. Nehme derowegen obberührte Vokation (Berufung) im Namen Gottes auf und an, der christlichen Hoffnung und Zuversicht, daß fromme Herzen mit dem emsigen Gebete mir zu Hilfe kommen und daß durch ein geringes Organon (Werkzeug), wie ich mich erkenne, seine heilige Gemeine wohl gebauet werden möge, fleißig zu Gott werde seufzen helfen."

So trat er im Juli die neue Tätigkeit an und verrichtete nach Ausweis des Kirchenbuches am 22. dieses Monats die erste Taufe zu St. Nicolai in Berlin. Inzwischen hatte sich hier manches geändert und gebessert: Dank des tatkräftigen Eingreifens des Landesherrn verschwanden die häßlichen Spuren des Krieges immer mehr, die Bevölkerungszahl wuchs von Jahr zu Jahr, geschmackvolle Neubauten und Zieranlagen entstanden. „Man spürte das Wehen einer neuen Zeit, die den Stempel des weitschauenden Geistes des großen Fürsten trug."

Das Gehalt, das Paul Gerhardt von jetzt an bezog, war ausreichend, so daß er keine Sorgen mehr zu haben brauchte. Das Amt verlangte allerdings seine ganze Kraft, weil er nicht nur an Sonn- und Wochentagen zu predigen hatte, sondern weil es auch zu seinen Pflichten gehörte, zu besonderen Stunden Beichte abzunehmen und die zur Beichte Kommenden über ihre Kenntnis in der christlichen Heilslehre zu prüfen. Hier besonders mag sich sein seelsorgerlicher Eifer und Feinsinn oft genug bewährt haben, und so war er bald mit seiner Gemeinde durch Bande des Vertrauens und der Liebe verknüpft.

Wieder wissen wir nur wenige Einzelheiten von seinem dienstlichen, häuslichen und persönlichen Leben während der ersten fünf Jahre seiner zweiten Berliner Wirksamkeit. Außer der tiefen inneren Befriedigung, die er in seinem Beruf fand, trafen den empfindsamen Mann auch manche schwere Schicksalsschläge: Eine zweite Tochter und sein erster Sohn starben früh. Im selben Jahr 1660 starb auch seine älteste Schwester nach langem Leiden in Sondershausen. Aus der Beerdigungspredigt des dortigen Archidiakons geht hervor, daß der Bruder weit über die Grenzen Berlins bekannt geworden war; denn ihr Druck ist dem „wohlehrwürdigen, großachtbaren und wohlgelahrten Herrn Paulo Gerhardt, wohlverordneten Pfarrherrn und treufleißigen Seelsorgern der Kirche St. Nicolai zu Berlin“ gewidmet. Als im Jahre 1661 die zehnte Ausgabe des Crügerschen Gesangbuchs erschien, waren mit den neu veröffentlichten jetzt im ganzen 88 geistliche Lieder von Paul Gerhardt gedruckt, die seinen Namen schnell weithin verbreiteten.

Im Jahr 1662 aber trat ein Ereignis ein, das seinem Wirken als Geistlicher eine entscheidende Wendung gab: Es war der Zusammenstoß mit seinem Landesherrn, der die so ruhige, fast anonyme Lebensbahn des Dichters empfindlich stören sollte.

Schon bald nach dem Religionsfrieden zu Augsburg war es zu mancherlei Reibungen zwischen den Konfessionen, ja sogar innerhalb des Luthertums gekommen, die immer mehr zu scharfen Auseinandersetzungen ausarteten. Es drohte die Gefahr eines Schriftgelehrtentums, das einseitig die Lehre betonte und allzuleicht in Disputierkunst, geistliche Herrschsucht und Unduldsamkeit auslief. Weithin waren Kirche und Theologie dieser Gefahr erlegen. Der unglückselige Streit zwischen Reformierten und Lutherischen, das Erbe früherer Tage, beherrschte zu den Zeiten Paul Gerhardts immer mehr die Kanzeln, säte Mißtrauen hin und her und schuf eine vergiftete Atmosphäre, die das Gegenteil evangelischer Gesinnung war. Verschärft wurde die Lage besonders durch den Konfessionswechsel mancher Fürsten, denen der Augsburger Friede sogar das Recht gegeben hatte, ihre Untertanen zu dem neu angenommenen Glauben zu zwingen.

Nun war in Brandenburg der Kurfürst Johann Sigismund 1613 zum reformierten Bekenntnis übergetreten, der bald darauf „das Beschimpfen der Gegner auf den Kanzeln, das Schreien, Verdammen, Lästern, Stürmen und Schelten ohne alle Scham und Scheu“ durch ein strenges Edikt verboten hatte. Er verlangte in einem zweiten Edikt, es sollten „beiderseits die Theologen einander ins Künftige christliche Liebe erzeigen“.

Diese Linie führte sein Sohn Friedrich Wilhelm, der Große Kurfürst, mit starker Hand weiter, so daß unter der fast rein lutherischen Bevölkerung, namentlich unter ihren führenden Geistlichen, eine gereizte, aus Besorgnis und Mißtrauen gemischte Stimmung Platz griff. Es fehlte nicht an heftigen Angriffen auf die reformierte

Kirche, der Friedrich Wilhelm mit voller Überzeugung anhing.

Als im Jahre 1631 im Berliner Gymnasium zum Grauen Kloster ein Schauspiel aufgeführt wurde, das eine beißende Satire auf die reformierte Art der Abendmahlsfeier darstellte, wuchs die Erregung auf beiden Seiten. Nachdem der Kurfürst erkannte, daß die von ihm angestrebte Union der Herzen bei Wahrung und Anerkennung der gegenseitigen Selbständigkeit auf gütlichem Wege nicht zu erreichen war, entschloß er sich zu energischem Vorgehen.

Das, was unsere Generation im sogenannten Kirchenkampf gegen das nationalsozialistische Regierungssystem erlebte, zeigte sich damals schon mit aller Deutlichkeit, daß es nämlich ein Unding ist, wenn sich der Staat in maßgebender Weise in Angelegenheiten der Kirche mischt und Gewaltmaßnahmen anwendet. Aber um den Großen Kurfürsten zu verstehen, muß auch erkannt werden, daß er als einer der ersten und bedeutendsten Herrscher die neue Idee des modernen Staates vertrat, der aus eigenem Rechte kraftvoll zu leben begann. Er hatte in den Niederlanden die Toleranz kennengelernt, die dort zur politischen Tatsache geworden war, so daß bei gegenseitiger Duldung der Bekenntnisse in der Tat Gewissensfreiheit und Freiheit der Meinungsäußerung bestanden. Mit der edlen Henriette von Oranien, der Hugenottenerbin, verheiratet, verstärkte er den Einfluß des reformierten Bekenntnisses in seinen Ländern durch Heranziehung hoher Beamter reformierten Glaubens und durch holländische Siedler. Seine Kirchenpolitik wollte die Quellen der gegenseitigen Verketzerung sowohl aus echt religiösen Motiven wie aus Gründen der „Staatsraison" verstopfen, und hier stieß er nun auf das unbedingte Nein der lutherischen Geistlichkeit.

Am 2. Juni 1662 erneuerte er jene Edikte Johann Sigismunds und gebot außerdem,
„man solle den Gemeinden nichts vortragen, was nicht zur Erbauung diene, die Lehre Gottes mit den Worten Gottes vortragen, hoher philosophischer Disputationen vor der Gemeinde, besonders des unseligen Verdammens, Verketzerns, der Benennung und Verhöhnung der Personen oder Kirchenlehrer sich enthalten und sich also bezeigen, daß man neben der Wahrheit auch den Frieden suchen und die brüderliche Liebe unter den Christen eher erwecken als dämpfen möge".

Wer sich durch diese „christliche wohlgemeinte Verordnung" in seinem Gewissen beengt fühle, dem stehe es frei, das Land zu verlassen. Außerdem verbot er seinen Untertanen das Studium der Theologie und der Philosophie an der Universität Wittenberg, um deren ausschlaggebenden Einfluß auf die bekenntnistreue Geistlichkeit lutherischen Glaubens zu brechen.

Als der Kurfürst in einem Religionsgespräch zwischen den streitenden Parteien die letzte Lösung sah, um endlich zur Verständigung, wenn nicht Versöhnung zu gelangen, wurde auch Paul Gerhardt in den Bruderstreit hineingezogen, obwohl er die aufreizende Haltung seiner lutherischen Amtsbrüder nicht teilte, vielmehr stets das feinfühlende, allem Kampfe abgeneigte Wesen bewiesen hatte, das wir aus seinen Liedern kennen. Aber nun geriet er in Gewissensnot, da er von seiner Partei wiederholt zu theologischen Gutachten aufgefordert wurde und Verteidigungsschriften und sachlich-theologische Erklärungen abfassen mußte, obwohl er von vornherein schwere Bedenken gegen das Religionsgespräch hegte:

„Das Werk ist höchst gefährlich, denn wir müssen entweder den Synkretismus, d.h. Religionsmengerei, eingehen oder nicht. Tun wir jenes, da Gott vor sei, so werden sich die Gegner zwar wohl dabei befinden, aber wehe uns und unserem Gewissen! Tun wir aber dieses, so wird man sehen, wie es uns gehen wird, wenn man unsere Friedhässigkeit anklagen und uns fast auf allerlei Art und Weise anschwärzen wird."

Das angeordnete Gespräch fand im Winter 1662/63 in der Bibliothek im kurfürstlichen Schlosse statt. Wie vorauszusehen war, führten die zehn Sitzungen zu einem völligen Mißerfolg, besonders durch die Heftigkeit des Sprechers auf lutherischer Seite, des leidenschaftlichen Archidiakonus Reinhart. Aber auch sachlich lag hier wie in anderen ähnlichen Versuchen ein Grundirrtum vor, nämlich die Annahme, die Mängel des Glaubens seien ausschließlich durch Mängel der Erkenntnis verschuldet.

Es ist zutiefst bedauerlich, daß auch ein friedliebender Mann wie Paul Gerhardt so verstrickt in menschliche Lehrauffassungen war. Die Tragik seines Lebens liegt darin, daß er, gegen seinen Willen und gegen seine Art in den kirchenpolitischen Kampf getrieben, die Reinheit seines Gewissens an zeitbedingte Formeln gebunden fühlte, so daß er sich zu der „Ungeheuerlichkeit verstieg" (Petrich), den Ausdruck „reformierte Christen" zu beanstanden; denn wenn man ihnen den Christennamen bedingungslos einräume, würden sie auch als Mitbrüder in Christo und als Mitglieder unserer christlichen Kirche angenommen werden wollen.

„Daß unter den Reformierten Christen seien, gebe ich gern zu; aber daß die Reformierten quatenus tales (als solche) Christen, und also meine Mitchristen, meine Mitbrüder, meine Mitglieder seien, hoc est quod nego (das ist es, was ich leugne)."

Es ist schwer und schmerzlich, diese Haltung Paul Gerhardts zu verstehen, die sich überhaupt nicht mit der Art seiner Lieder vereinigen läßt. Und dennoch: Wer wirft deshalb einen Stein auf ihn?

Der Kampf spitzte sich mehr und mehr zu, zumal der Kurfürst am 16. September 1664 unter Androhung der Amtsenthebung und anderer Strafen verfügte, daß alle Geistlichen zur Unterschrift des verhängnisvollen Ediktes gezwungen werden sollten. Während viele von ihnen den flehentlichen Bitten ihrer Pfarrfrauen folgten: „Schreibet, lieber Herre, schreibt, daß ihr bei der Pfarre bleibt!", stand Gerhardt auf der Seite der entschiedenen Lutheraner, die es ablehnten. Das Edikt verbot nämlich auch die namentliche Widerlegung des Gegners, während die Konkordienformel, auf die sie feierlich verpflichtet waren, sie ihnen zur Gewissenspflicht machte.

Der Zorn des Kurfürsten traf zunächst die Vorgesetzten des Dichters, den genannten Archidiakon Reinhart und den Propst Lilje von St. Nicolai. Sie wurden beide ihres Amtes enthoben und Reinhart aus der Stadt gewiesen, während sich Lilje später eines anderen besann und im Februar 1666 wieder amtieren durfte. Gleichzeitig aber befahl der Kurfürst, auch Paul Gerhardt solle zur Unterschrift vor das Konsistorium geladen und, wenn er sich weigere, aus seinem Dienst entlassen werden.

Als er hier erklärte, daß er sich um seines Gewissens willen den beiden Edikten nicht unterwerfen könne, wurde ihm seine Absetzung verkündigt, worauf er geäußert haben soll: „Es ist nur ein geringes berlinisches Leiden: ich bin auch willig und bereit, mit meinem Blut die evangelische Wahrheit zu besiegeln und als ein Paulus mit Paulo den Hals dem Schwerte darzubieten."

Nun setzte eine wahre Volksbewegung ein, den geliebten Prediger und Seelsorger vor dieser Maßregelung zu bewahren. So heißt es in einer Eingabe, es sei doch dem Magistrat und beiden Städten Berlin und Cölln bekannt, „daß dieser Mann nimmermehr wider Seiner Kurfürstlichen Durchlaucht Glauben oder Dero Genossen geredet und keine Seele mit Worten oder Werken angegriffen habe. Was wird dann aus uns oder unserer Stadt endlich werden, wenn wir die Frommen nicht behalten, so mit ihrem Gebete bishero noch vor dem Zorn Gottes gestanden, nicht mehr bei uns haben sollten?" Darum wolle der Magistrat für den erwähnten Herrn Gerhardten treufleißig eintreten und es beim Fürsten dahin vermitteln, „daß dieser fromme, ehrliche und in vielen Landen berühmte Mann uns möge gelassen werden".

Diese Bittschrift war nicht nur von den Stadtverordneten, sondern von allen Innungs- und Zunftmeistern unterzeichnet. Der Rat der Stadt schloß sich dieser Bitte beim Kurfürsten einmütig an und unterstrich, daß Paul Gerhardt der reformierten Konfession „in seinen Predigten niemals mit einem Wort gedacht, zu schweigen, daß er auf dieselbe geschmähet oder gescholten haben sollte. Und wie sein Lehren zum Christentum ist gerichtet gewesen, also hat er auch allemal sein Leben darauf bestanden." Ferner berief sich der Magistrat darauf, der Kurfürst habe eine Anzahl geistlicher Gesänge von Paul Gerhardt selbst, „diesem Manne von untadelhaftem Wandel", ohne irgendwelches Ärgernis in sein eigenes Märkisches Gesangbuch aufgenommen. Es sei zu besorgen, wenn er seinen Diesnt quittieren müßte, würde ein „sonderliches" (aufsehenerregendes) Nachdenken bei den Auswärtigen entstehen, und Gott möchte daher unsre Stadt heimsuchen.

Doch der erbitterte Landesherr ließ einen schroff ablehnenden Bescheid ergehen: Er wisse nichts von der besonderen Frömmigkeit Paul Gerhardts, sondern nur, daß dieser sogar dem Reinhart in hitziger Weise bei seinem Widerstand zugeredet und auch andere schwachwerdende Prediger bestimmt habe, den Revers nicht zu unterschreiben. Sollte er weiterhin bei seiner Weigerung bleiben, solle der Magistrat ohne langes Zeitverlieren einen anderen Prediger rufen.

Mehr Erfolg hatte eine gewichtige Eingabe der kursächsischen Stände, die dahin ging, im allgemeinen eine Kompromißformel zu finden, die jeder rein evangelisch-lutherische Lehrer und Prediger mit gutem Gewissen unterschreiben könne, und im besonderen „den Herrn Paulum Gerhardten gnädigst zu restituieren und seiner Gemeinde, welche sehr danach winselt und verlanget, aus Landesväterlicher hoher Clements (Gnade) wiederzuschenken". Er sei „als ein frommer und exemplarischer und dabei durchaus friedliebender Theologe und Prediger" auch bei den Reformierten bekannt und beliebt.

Zwar erwirkte auch diese Fürbitte nur einen Aufschub, aber Paul Gerhardt konnte in seiner Wohnung bleiben und erhielt auch sein Gehalt uneingeschränkt weiter.

Wie es in seiner Seele während dieser Kampfzeit aussah, bezeugt uns ein Schreiben vom 26. Juli 1666 an die verwitwete Gräfin Maria Magdalena zur Lippe, die an seinem Geschick Anteil nahm und ihm eine Versorgung bei sich angeboten hatte. Der Dichter schreibt darin, er habe Bedenken gehegt, über sein Ergehen und das der Seinigen zu berichten, da er sein Leiden gern in der Stille und für sich allein tragen wolle. Die löbliche Bürgerschaft der Residenz und seine christliche Gemeinde hätten sich zwar für ihn beim Kurfürsten verwendet,

> „ist doch solches bisher allerdings vergeblich gewesen und möchte auch ins Künftige wohl schwerlich etwas erhalten werden.

Ich meines Teils lasse den lieben Gott hierunter walten und bin mit seiner allerheiligsten Regierung wohl zufrieden; nachdem er mir nur das Einige widerfahren lassen, daß ich mein armes Gewissen nicht kränken und betrüben dürfe. Denn was würde mir's doch helfen, wenn ich gleich ein Königreich, ja die ganze Welt gewinnen konnte und sollte Schaden an meiner Seelen leiden. Hingegen was kann mir das schaden, wenn ich gleich meinem äußerlichen und zeitlichen Wohlergehen etwas entbehren muß, wenn ich nur das schönste Gut, den köstlichsten Schatz, das allerteuerste Kleinod behalte.

Euer Hochgraflicher Gnaden trostreicher Zuspruch hat mich inmittelst dermaßen erquicket, daß ich Gott nicht genugsam dafür danken kann. Fühle es gar wohl bei mir selbst, daß, was fromme Herzen mir anitzo hören lassen, nicht ihr, sondern Gottes, des ewigen Vaters, Trost und Zuspruch sei...

Ich werde noch ein wenig hier auswarten, nachdem mein gnädigster Kurfürst und Herr mich noch so gnädiglich in seinem Lande und Residenz duldet. Ist es meines Gottes Wille, daß ich ihm noch in dieser Welt wieder als ein öffentlicher Prediger dienen soll, will ich ihm zu Ehren das wenige, was noch übrig ist von meinem Leben, gern aufopfern.

Will er aber nicht, so will ich ihn dennoch in meiner Einsamkeit segnen und preisen, loben und danken, solange sich mein Mund reget und meine Augen offenstehen."

Trotz allem schien zu Beginn des Jahres 1667 eine Wendung einzutreten, denn am 9. Januar eröffnete der Minister von Schwerin im Auftrag des Kurfürsten dem Magistrat:

„Da Seine Durchlaucht von Paul Gerhardts Person keine Klage außer der Weigerung, die Edikte zu unterschreiben, vernommen hätte, aber dafür halten müßte, daß er die Meinung der Edikte nicht recht begriffen hätte, so wolle der Kurfürst ihn hiermit plene (vollständig) restituiert und ihm sein Predigtamt nach wie vor zu treiben verstattet haben."

Daß die Freude in der Stadt allgemein groß war, ist begreiflich, zumal die amtliche Zeitung öffentlich Paul Gerhardts Unschuld und Mäßigung rühmte. Er nahm also seinen Beruf mit einer Taufe und mit Beichthören wieder auf. Dennoch begann für ihn jetzt erst die schwerste und prüfungsreichste Zeit; denn der Kurfürst hatte ihm gleichzeitig seinen Geheimsekretär geschickt, um ihm sagen zu lassen, er erwarte von ihm, daß er sich trotz der gnädigen Rechtfertigung allemal den Edikten gemäß bezeigen und alles Verdammens der Reformierten sich enthalten werde. Dies brachte ihm baldigst tiefe Beunruhigung, und so erkundigte er sich beim Magistrat nach der Gültigkeit seiner Zweifel und bat um dessen Entscheidung:

> „Ich weiß es nunmehr durch Gottes Gnade und habe es genugsam erfahren, was vor Angst oftmals nur allein die große, schwere Arbeit der Prediger, der sein Amt treulich meinet, mache. Wenn ich nun noch dazu einen nagenden Wurm meines Gewissens mit hineinbringen sollte, würde ich der elendste Mensch auf Erden sein. Mein Gewissen will mir darüber voller Unruhe und Schreckens werden. Was aber mit bösem Gewissen geschicht, das ist vor Gott ein Greuel und zeucht nicht den Segen, sondern den Fluch nach sich, womit aber weder meiner Gemeinde noch mir würde geraten sein. Wir haben Gott Lob einen frommen christlichen und

gottseligen Kurfürsten, der es nicht in Ungnade vermerken wird, wenn Sie für die arme, betrübte Seele Ihres nunmehr in das zehnte Jahr bei Ihnen gewesenen Predigers sprechen werden."

Aber nun fiel die endgültige Entscheidung gegen ihn: Der Kurfürst sandte die befürwortende Eingabe des Magistrats am 4. Februar 1667 zurück:

„Wenn der Prediger Paul Gerhardt das ihm von Seiner Kurfürstlichen Durchlauchtigkeit gnädigst wieder erlaubte Amt nicht wieder antreten will, welches er dann vor dem höchsten Gott zu verantworten haben wird, so wird der Magistrat in Berlin ehestens einige andere friedliebende, geschickte Leute zur Ablegung der Probepredigt einladen."

Doch nicht nur beim Landesherrn, sondern auch bei seinen Glaubensgenossen fand Paul Gerhardt kein Verständnis für seine Gewissensbedenken. Der Magistrat versuchte vergebens, ihn zur Annahme der kurfürstlichen Gnade zu bewegen, wie auch Amtsgenossen und Freunde ihn nicht umzustimmen vermochten. Er leerte den bitteren Kelch bis zur Neige, weil er den Schein gewissenloser Nachgiebigkeit und feiger Untreue gegen die unterschriebene Konkordienformel vermeiden wollte. So verstehen wir die Strophe aus jener Zeit:

Es war in allen Landen,
soweit die Wolken gehn,
kein ein'ger Freund vorhanden,
der bei mir wollte stehn.
Da dacht' ich an die Güte,
die du, Herr, täglich tust,
und hub Herz und Gemüte
zur Höhe, da du ruhst.

Er versuchte, seine Haltung in einer ehrfürchtigen Eingabe an den Landesherrn selbst zu erklären. Darin heißt es unter anderem:

„Ich fürchte mich vor Gott, in dessen Anschauen ich hier auf Erden wandle und vor welches Gerichte ich auch dermaleinst erscheinen muß, und kann nach dem, wie mein Gewissen von Jugend auf gestanden und noch jetzo stehet, nicht anders befinden, als daß ich, wo ich auf vorher berührte Art und Weise wieder in mein Amt treten sollte, seinen Zorn und schwere Strafe auf mich laden werde. Inmittelst sei Eurer Kurfürstlichen Durchlaucht Stuhl (Thron) allemal im Segen des Allmächtigen und Dero ganzes Kurfürstliches Haus stehe unverrückt in dem Schutz und Schirm des Allerhöchsten, welches zu wünschen und zu bitten ich Zeit meines Lebens nicht unterlassen werde, als Euer Kurfürstlichen Durchlaucht untertänigster gehorsamster Diener und getreuester schuldigster Vorbitter bei Gott Paulus Gerhardt."

Dabei blieb es, sooft auch die erbetene Bedenkzeit vom Magistrat verlängert wurde, aber auch jetzt genoß er seine Einkünfte weiter, bis seine Stelle endgültig im August 1668 besetzt wurde.

Die letzten amtslosen Jahre in Berlin wurden durch den Verlust seiner Kinder bis auf einen Sohn Paul Friedrich verdunkelt. Zu Anfang 1668 erkrankte seine Gattin unheilbar, so daß auch die tüchtigsten Ärzte der Residenzstadt sie nicht retten konnten. Mit bewegtem und gläubigem Herzen empfing sie noch einmal das Abendmahl und bat danach ihren Mann, er möchte ihr doch aus dem selbstgeschriebenen Gesangbuch etwas vorlesen, und zwar wünschte sie einige Passions- und Sterbelieder.

Er wählte sein eigenes Passionslied nach einer Hymne aus dem Kreise des heiligen Bernhard: „Sei wohl gegrüßet, guter Hirt!“ Dann nahm sie noch schweren Abschied von ihrem sechsjährigen Söhnchen und ihrem Mann. Als dieser sie fragte, ob sie große Angst habe, erwiderte sie: Angst habe sie nicht, wünsche dennoch, daß Gott bald kommen und sie erlösen möchte. Und so starb sie kurz darauf im Frieden Gottes am 5. März 1668.

Was sie ihrem Manne gewesen ist, geht sowohl aus dem etwas überschwenglichen Nachruf ihres Schwagers Lorenz wie aus ihren eigenen Worten hervor, die sie, kurz nachdem sie ihren Vater und einen Sohn verloren hatte, am Tage der Amtsentlassung Paul Gerhardts in ihre Bibel eintrug:

„Mein lieber Herr ist heute seines Amtes entsetzt worden. Auch diese Prüfung noch! Meine Kraft ist schwach, aber der Herr weiß ja, wieviel ich tragen kann. Halte Du aus, mein Gerhardt, schäme Dich des Evangeliums von Christus nicht und lege immerdar ein gutes Zeugnis ab vor vielen Zeugen! Ich folge Dir ins Elend, in die Wüste, in Not und Tod. Fürchte Dich nicht vor denen, die wohl den Leib töten, aber die Seele nicht töten mögen! –

Gerhardt, ich weiß, Du rühmst Dich nie; denn Du bist sanftmütig und von Herzen demütig; aber jetzt rühme Dich laut und treu, rühme Dich des Herrn Jesus Christus! Siehe nicht auf mich und unser Kind; ohne Gottes Willen fällt ja kein Sperling vom Dache; wir werden nicht Hungers sterben. Halt aus, mein Gerhardt! ... Gott segne Dich, mein Gerhardt! Jetzt fühle ich's, wie groß Du bist und wie gering ich bin, Deine arme Magd.“

Nach ihrem Tode nahm Paul Gerhardt, nun ganz einsam geworden, die verwitwete Schwester seiner Frau bei sich auf, die ihm und dem Söhnchen von nun an den Haushalt führte.

Lübben

Zweieinhalb Jahre hatte Paul Gerhardt sein geistliches Amt ruhen lassen müssen. Da wandte sich im September 1668 der Magistrat der Stadt Lübben im Spreewald an ihn, nachdem der dortige Archidiakon gestorben war und Berliner Freunde die Aufmerksamkeit der Ratsherren auf den einsamen Mann gelenkt hatten. Der Dichter äußerte sich, daß er, „wohin ihn der liebe Gott hinberufen möchte, willig folgen und demselben treulich dienen wolle“. Er werde das wenige Können, das ihm Gottes Gnade verleihen würde, in Gottes und seiner heiligen Kirche Dienst gern aufwenden.

Am 14. Oktober hielt er in der Lübbener Stadtkirche eine Gastpredigt, die so gut gefiel, daß er am 28. des Monats einstimmig gewählt wurde. Lübben lag unweit der Brandenburger Grenze im Herzogtum Sachsen-Merseburg. Es war im Kriege furchtbaren Zerstörungen ausgesetzt gewesen, und die Einwohner zeigten sich noch immer verängstigt und überaus kleinbürgerlich gesinnt. So gab es noch allerlei Schwierigkeiten, ehe Paul Gerhardt die neue Stelle antreten konnte; z.B. war das Pfarrhaus in einem armseligen, verfallenen Zustande. Überdies fürchteten die Lübbener sonderbarerweise, daß der neue Pfarrer sein selbstgebrautes Bier dort einführen und dadurch die städtische Braugerechtigkeit stören würde. Doch diese Angst konnte er beseitigen: Er sei nicht gesonnen, einen Bierhandel anzufangen.

Was seinen Einzug in der Gemeinde um Monate hinausschob, war die schwere Erkrankung seines Sohnes und seiner Hausverwalterin, der Frau Magister Fromm. Er schreibt, daß er nicht habe hoffen können, den Sohn noch andern Tags lebendig zu behalten, und da die genannte Schwägerin gleichzeitig an hitzigem Fieber litt, war nach seinen Worten Paul Gerhardts Gemüt „dermaßen krank und beängstigt, daß ich fast nicht weiß, wo ich mich hinkehren und wenden soll".

Nachdem endlich die Wohnung in einen würdigen Zustand gebracht und das Mißtrauen der Lübbener beseitigt war, trat er im Mai 1669 sein Amt dort an, das er noch sieben Jahre verwaltete, ohne daß wir von seiner Tätigkeit und seinem privaten Leben weiteres hören. Nur mußte er, zwei Jahre vor seinem Tode, die getreue Frau Fromm zu Grabe tragen, und wir wissen nicht, wer ihn die letzten Lebensjahre hindurch mit seinem heranwachsenden Paul Friedrich versorgte. Ihm widmete er wenige Monate, bevor er selbst abberufen wurde, als Testament einen Vatersegen, „einen immerwährenden Denkzettel", und dieser sei zum Schluß der Lebensbeschreibung vollständig mitgeteilt, weil es uns noch einmal den ganzen Mann und Christen vor Augen stellt, „kernhaft und gläubig, mild und fromm, nicht ohne ein entschiedenes Wort gegen seine theologischen und kirchlichen Gegner":

> „Nachdem ich nunmehr das siebzigste Jahr meines Alters erreichet, auch dabei die fröhliche Hoffnung habe, daß mein lieber frommer Gott mich in kurzem aus dieser Welt erlösen und in ein besseres Leben führen werde, als ich bisher auf Erden gehabt habe, so danke ich ihm zuvörderst für alle seine Güte und Treue, die er mir von meiner Mutter Leibe an bis auf jetzige Stunde

an Leib und Seele und allem, was er mir gegeben, erwiesen hat.

Daneben bitte ich von Grunde meines Herzens, er wolle mir, wenn mein Stündlein kommt, eine fröhliche Abfahrt verleihen, meine Seele in seine väterlichen Hände nehmen und dem Leibe eine sanfte Ruh in der Erde bis zu dem lieben jüngsten Tage bescheren, da ich mit allen Meinigen, die nur vor mir gewesen und auch künftig nach mir bleiben möchten, wiedererwachen und meinen lieben Herrn Jesum Christum, an welchen ich bisher geglaubet und ihn doch nie gesehen habe, von Angesicht zu Angesicht schauen werde. Meinem einigen hinterlassenen Sohne überlasse ich von irdischen Gütern wenig, dabei aber einen ehrlichen Namen, dessen er sich sonderlich nicht wird zu schämen haben.

Es weiß mein Sohn, daß ich ihn von seiner zarten Kindheit an dem Herrn, meinem Gott, zu eigen gegeben, daß er ein Diener und Prediger seines heiligen Wortes werden soll. Dabei soll es nun bleiben und sich nicht daran kehren, daß er nur wenig gute Tage dabei haben möchte. Denn da weiß der liebe Gott schon Rat und kann das äußerliche Trübsal mit innerlicher Herzenslust und Freudigkeit des Geistes genugsam ersetzen. Die heilige theologiam studiere in reinen Schulen und auf unverfälschten Universitäten, und hüte Dich ja vor Synkretisten, denn die suchen das Zeitliche und sind weder Gott noch Menschen treu!

In Deinem gemeinen Leben folge nicht böser Gesellschaft, sondern dem Willen und Befehl Deines Gottes! Insonderheit:

1. Tue nichts Böses, in der Hoffnung, es werde heimlich bleiben! Denn es wird nichts so fein gesponnen, es kommt an die Sonnen.

2. Außer Deinem Amt und Berufe erzürne Dich nicht! Merkst Du denn, daß der Zorn Dich erhitzet habe, so schweige stockstill und rede nicht eher ein Wort, bis Du erstlich die zehn Gebote und den christlichen Glauben bei Dir ausgebetet hast!

3. Der fleischlichen, sündlichen Lüste schäme Dich, und wenn Du dermaleinst zu solchen Jahren kommst, daß Du heiraten kannst, so heirate mit Gott und gutem Rat frommer, getreuer und verständiger Leute!

4. Tue Leuten Gutes, ob sie es Dir gleich nicht zu vergelten haben! Denn was Menschen nicht vergelten können, das hat der Schöpfer Himmels und der Erde längst vergolten, da er Dich erschaffen hat, da er Dir seinen lieben Sohn geschenkt hat, und da er Dich in der heiligen Taufe zu seinem Kinde und Erben auf- und angenommen hat.

5. Den Geiz fleuch als die Hölle! Laß Dir genügen an dem, was Du mit Ehren und gutem Gewissen erworben hast, ob es gleich nicht allzu viel ist! Bescheret Dir aber der liebe Gott ein Mehres, so bitt ihn, daß er Dich vor dem leidigen Mißbrauche des zeitlichen Gutes bewahren wolle!

Summa: Bete fleißig, studiere was Ehrliches, lebe friedlich, diene redlich und bleibe in Deinem Glauben und Bekenntnis beständig, so wirst Du einmal auch sterben und von dieser Welt scheiden willig, fröhlich und seliglich! Amen!“

Im Juni 1676 ist Paul Gerhardt heimgegangen. Näheres über seine letzten Stunden wissen wir nicht, nur das Datum seiner Beisetzung steht fest. Das Lübbener Begräbnisregister meldet kurz: „Den 7. Juni Herr Paul Gerhardt, siebenjähriger treufleißiger wohlbekannter Archidiakonus dieser Kirche, im siebzigsten Jahr seines Lebens.“

In der Kirche aber stand noch lange sein lebensgroßes Ölbild, das die Gemeinde zu seinem Andenken stiftete, mit der Inschrift: theologus in cibro satanae versatus (d.h. ein in Satans Siebe gesichteter und bewährter Theologe; nach Lukas 22,31). Das Porträt zeigt eine hohe gewölbte Stirn, große seelenvolle Augen, eine starke edelgeformte Nase und bewegte Linien um den Mund, über diesem nach der Sitte der Zeit ein schmales Schnurrbärtchen, unter ihm ein kräftiges Kinn.

Die Kirche hatte ihren nach Luther besten Liederdichter gänzlich vergessen. Mit keinem Worte wurde seines Ablebens in der Öffentlichkeit gedacht. Lebendig und wirksam aber blieb er durch die in verschiedenen Gesangbüchern veröffentlichten Lieder, vor allem in der von dem Organisten Ebeling zusammengestellten Sammlung seiner Werke. Ihnen wenden wir uns nun zu.

Die Dichtung

Während die weltliche Dichtung des 17. Jahrhunderts heute nur noch einen kleinen Personenkreis beschäftigt, ist diese Zeit geradezu die klassische Epoche unseres evangelischen Kirchenliedes. Wir brauchen nur die Namen Paul Fleming, Johann Heermann, Joachim Neander, Georg Neumark und Martin Rinckart zu nennen; wie überreich beschenkten sie uns mit ebenso herzerfreuenden wie trostreichen Liedern! Aber – wie Rudolf Alexander Schröder es formuliert – der höchste Gipfel dieses vielhäuptigen geistlichen Parnasses ist Paul Gerhardt, der auch von der einseitig ästhetisch eingestellten Literaturgeschichtsschreibung nicht übersehen werden konnte, „obwohl von wirklicher Würdigung und gerechtem Dank gegenüber der beispiellosen Leistung nur ganz vereinzelt die Rede sein darf".

Wenn im folgenden vom hohen dichterischen und christlichen Wert der Lieder Paul Gerhardts die Rede ist, so muß zunächst betont werden, daß der Dichter nicht daran dachte, den Schatz der damals in der Kirche gesungenen Choräle durch seine Schöpfungen zu vermehren: Der lag fest und abgeschlossen vor in den Liedern Luthers und einiger weniger seiner Mitarbeiter. Vielmehr schrieb Paul Gerhardt für die häusliche Erbauung und allenfalls noch für den Chor. Nur für den Hausgottesdienst bestimmt waren auch die Gesangbücher, die Crüger und später Ebeling mit seinen Liedern in ihren schönen Kompositionen herausgaben.

Erst lange nach dem Tod des Dichters wurden die engen Schranken durchbrochen und seine Lieder auch in der Kirche gesungen, wie es für uns heute selbstverständlich ist. Wie kommt es nun, daß die meisten von ihnen noch heute ebenso frisch und unverwelkt wirken wie in der Zeit, da sie entstanden, daß sie uns so unmittelbar ansprechen?

Weil sie aus Paul Gerhardts eigenem Leid und eigener Freude, aus der Beseelung und Beseligung seines eigenen alltäglichen Daseins und der unerschütterlichen Gewißheit des erlösten Gotteskindes heraus entstanden sind.

Außerdem war es dem Dichter gelungen, sein einmaliges Erlebnis und sein persönliches Zeugnis in eine allgemeinverständliche, jedem im Volk zugängliche und leicht singbare Form zu bringen. Jeder Zeitgenosse so gut wie alle nachfolgenden Geschlechter konnten sich darin wiedererkennen. „So persönlich bestimmt und so allgemein zugleich singt nur der echte Lyriker; so gültig und auf das Seelenleben des einzelnen so anwendbar singt nur der Christ, der zwar in und an der Welt leidet, sie aber im Glauben überwunden hat“ (Tim Klein).

Paul Gerhardt hat gewiß auch eine Reihe heute vergessener Gelegenheitsdichtungen in lateinischer und deutscher Sprache geschaffen. In den letzteren blitzt mitunter ein für die damalige Zeit neuer, erfrischend naiver, unmittelbarer Gedanke in den häufig etwas weitschweifigen Versen auf. Zudem gibt es in den vollständigen Sammlungen seiner Gedichte viele, die von der gläubigen Gemeinde im Lauf der Jahrhunderte mit Recht ausgeschieden wurden, weil sie allzu zeitgebunden und daher veraltet sind, manches darin mehr gereimt als gedichtet ist.

Aber es bleibt eine so große Zahl von herrlichen Liedern zu allen kirchlichen Festtagen und zu so vielen persönlichen Anliegen eines Christen, wie sie von keinem andern Dichter in den Gesangbüchern unserer Landeskirchen erreicht wird. Schon zu seinen Lebzeiten haben sie mit ihrer schlichten, selbsterlebten Frömmigkeit Tausenden seiner Zeitgenossen Trost und Stärkung und Freude gebracht, die von Verarmung und Not jeder Art bedrückt waren. So ist es weitergegangen bis auf den heutigen Tag, wo der eben genannte Dichter Rudolf Alexander Schröder bekennt: „Es ist mir immer, als ginge die Sonne auf, wenn der Name Paul Gerhardt in mein Gedächtnis tritt."

Schon früh ist der Unterschied zur gewaltigen geistlichen Lyrik Luthers erkennbar, der ja ein Jahrhundert vor Paul Gerhardt lebte. Einige Jahrzehnte nach dem Tod des Reformators und nach der ersten Blüte des evangelischen Kirchenliedes hatte gegen Ende des 16. Jahrhunderts ein deutlich spürbarer Verfall eingesetzt: Es ging in die Breite und verflachte. Sogar in die Dichtung schlichen sich lehrhafte Dogmatik und scharfe Polemik ein. Spielereien mit dem Kehrreim nahmen überhand, wie auch alle möglichen Künsteleien im Strophenbau.

Dann wieder zeigten sich Spuren neuer Ansätze: Es sei nur an den herrlichen Weckruf Philipp Nicolais erinnert: „Wachet auf! ruft uns die Stimme". Auch bei anderen wird der Ton des geistlichen Liedes persönlicher und wärmer, auch wenn der Inhalt weniger Ausdruck des Gemeindegefühls als vielmehr der eigenen tiefen Ergriffenheit des Dichters ist.

Christus tritt bei dem Schlesier Johann Heermann stärker in den Vordergrund, die Betrachtung der Natur als Schöpfung Gottes vermehrt als neues Element den Kreis der Motive, wie z.B. bei Apelles von Löwenstern.

Mit dem Auftreten des Dichters Martin Opitz und seiner Reform der weltlichen, sogenannten barocken Dichtung, die durch sein berühmtes „Buch von der teutschen Poeterey" 1617 eingeleitet worden war, kam neues Leben auch in die damalige geistliche Dichtung. Paul Gerhardt ist in vielem diesem Gesetzgeber unserer dichterischen Sprache und Versform verpflichtet, wenn bei ihm auch das wesentliche aus der Tiefe seines Gemüts und aus der eigenen Erfahrung der Gotteswirklichkeit und persönlichen Erlösung durch Christus stammt. Sechzehn Lieder Paul Gerhardts beginnen mit „Ich" – im Gegensatz zu Luthers machtvollem „Wir", bei dem das Persönliche mehr zurücktritt und viel stärker ein mannhafter Gemeinschaftsgeist den Rhythmus bestimmt.

In den Kampfliedern des Reformators glühen Erregung und heilige Leidenschaft. Paul Gerhardt dichtet erst, wenn der Friede Gottes nach inneren Stürmen von neuem bei ihm eingekehrt ist. Die schweren Erschütterungen und erregten Stimmungen seines Lebens toben sich nicht in seinen Liedern aus, sondern zittern höchstens darin nach: „Sein Sang ist wie der über brausenden Wassern schwebende Friedensbogen." Die Fröhlichkeit des der Erlösung gewissen Gotteskindes hat er mit Luther gemeinsam.

Ganz außerordentlich erweitert ist bei Paul Gerhardt der Themenkreis seiner Dichtung, zumal im Vergleich zu den damals in der Kirche gesungenen Liedern, deren Themen z.B. das Vaterunser, die Zehn Gebote, das Glaubensbekenntnis und Bearbeitungen des ganzen Psalters bildeten. Auffallend ist auch der umfangreiche Form- und Stilreichtum seiner Gedichte, der auf die Anregungen durch Opitz und auf seine angeborene Begabung zurückzuführen ist. Wichtig ist diese ausgesprochene Natürlichkeit und Volkstümlichkeit seiner Art, die ihn vor der gekünstelt rhetorischen Bildungssprache des zeitgenössischen Barock bewahrte und dem Rhythmus seiner Strophen die entspannte, manchmal sogar weiche, melodiöse Anmut des Volksliedes verlieh. Dadurch übertraf er seine Vorbilder und fand mit seinen Liedern eine so weite Verbreitung, obwohl er nicht nur achtzehn ältere Strophenformen übernahm, sondern zehn neue schuf.

Nur ganz wenige für unser heutiges Empfinden schwülstige sprachliche Wendungen finden sich darin, die von der singenden Gemeinde nach und nach ausgemerzt wurden. Von der zeitgenössischen Mode, Fremdwörter zu benutzen, ist seine Sprache ziemlich frei. Sie ist klar und flüssig; „er sucht die Bilder nicht, sondern sie fließen ihm zu, aus der Betrachtung der Natur, der menschlichen Hantierungen, wie von selbst; nicht selten erhebt sich sein Gesang zu wuchtigen Prägungen" (Tim Klein).

Aller Jammer und alle blutige Not seiner Zeit haben die Freudigkeit seines Glaubens nicht brechen können, und wenn manche Dichter damals und in späteren Jahrzehnten einen fast weinerlichen Ton anschlugen, so klingt es durch seine Lieder zumeist freudig, ja festlich, und spendet Kraft und Trost. Im neuen, zeitgemäßen Wort gibt er der Geradheit seiner frommen Herzlichkeit und der mannhaft zuversichtlichen Grundstimmung Ausdruck. Seine Dichtung tritt an Breitenwirkung im weiten Kreis der deutschen Sprache wohl nur hinter der Goethes zurück.

Das Kirchenjahr im Liede

Paul Gerhardt gestaltete ein „geistliches Jahr", das die Kirche später übernahm, indem sie seine Advents-, Weihnachts-, Passions- und Pfingstlieder in den Kreis der kirchlichen Gesangbücher aufnahm, nachdem das pietistische Gesangbuch darin vorangegangen war.

Zum Advent dichtete er: „Warum willst du draußen stehen / du Gesegneter des Herrn“, das sich in allen Gemeinden Heimatrecht verschafft hat. In ihm wird das Elend des Menschen ohne Jesus Christus geschildert, bis die helle Adventswonne in der Seligpreisung eines Herzens ausklingt, das den auf die Erde gekommenen Heiland aufgenommen hat.

Eins seiner schönsten Adventslieder ist: „Wie soll ich dich empfangen“, „ein Wunderbau, an dessen Herrlichkeit kein Deutscher, der ihn einmal begriffen hat, sich sattsehn und -hören sollte“ (R.A.Schröder). Es wurde zuerst 1653 in dem Crügerschen Gesangbuch gedruckt, bekam aber erst einige Jahre später von dessen Nachfolger als Organisten an der Nicolaikirche, Johann Georg Ebeling, eine eigene Melodie, die dann von dem berühmten Tonsatz Teschners „Valet will ich dir geben“ verdrängt wurde. Liest oder besser singt man die zehn Strophen dieses Liedes, das zum Preise des Einzugs unseres Herrn in Jerusalem gedichtet wurde, so wird man von einem zum andern Vers von dem Schwung, von der Herzlichkeit und innersten Beteiligung des Dichters in dieses festliche Ereignis hineingezogen bis zum ernsten Schluß, „da durch die Wetterwolken des Weltgerichtes die Flammenstrahlen des wiederkommenden Herrn hindurchbrechen“ (Kochs).

Von seinen sieben Weihnachtsliedern haben sich vier lebendig erhalten. Dem ersten: „Wir singen dir, Immanuel / du Lebensfürst und Gnadenquell“ liegen die Texte aus Jesaja 7,14 und Psalm 14,7 zugrunde. In zwanzig Strophen, von denen die modernen Gesangbücher meist nur ein Dutzend enthalten, wird der Heiland dafür gepriesen, daß er die Gottesherrlichkeit der Himmel mit der Armut der Krippe vertauscht hat. Strophe 7 und 8 lauten:

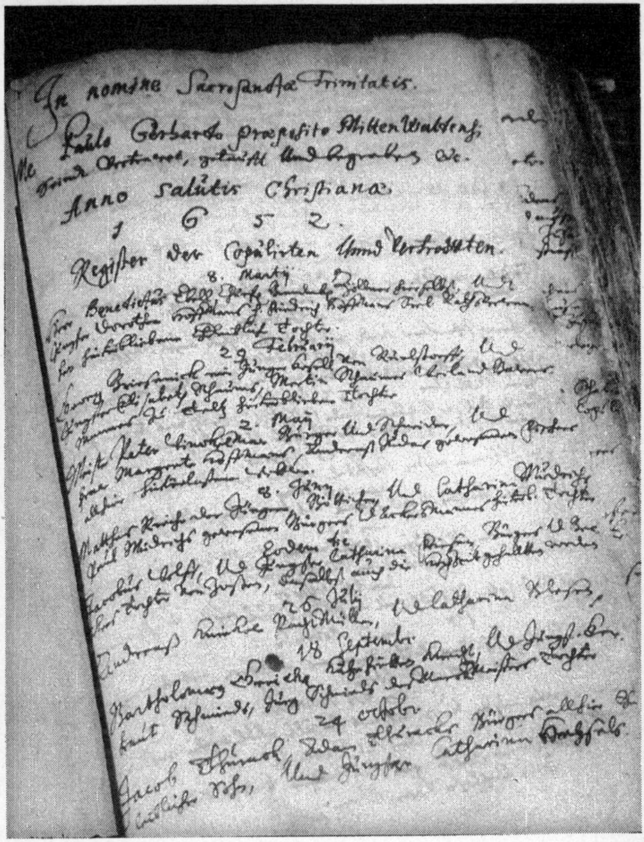

Eintragungen in das Kirchenbuch durch Paul Gerhardt.

Du kehrst in fremder Hausung ein
und sind doch alle Himmel dein,
trinkst Milch aus deiner Mutter Brust
und bist doch selbst der Engel Lust.
Hallelujah!

Du hast dem Meer sein Ziel gesteckt
und wirst mit Windeln zugedeckt,
bist Gott und liegst auf Heu und Stroh,
wirst Mensch und bist doch A und O.

Die ganze kindliche Freude der Heiligen Nacht spricht der Dichter in dem zweiten Weihnachtsliede aus: „Fröhlich soll mein Herze springen“, das ebenfalls an die kraftvolle, herzliche Art Luthers erinnert. Möglicherweise ist es am ersten Weihnachtsfest, das Paul Gerhardt nach der langen Wartezeit nun als Geistlicher in seiner Gemeinde Mittenwalde feierte, entstanden. Mit einem Anklang an das Wort im Psalm 19: „Die Sonne geht heraus wie ein Bräutigam aus seiner Kammer und freut sich, wie ein Held zu laufen den Weg“, lautet die zweite Strophe:

Heute geht aus seiner Kammer
Gottes Held,
der die Welt
reißt aus allem Jammer.
Gott wird Mensch, dir Mensch zugute;
Gottes Kind,
das verbindt
sich mit unserm Blute.

Hier sehen wir auch eine Probe von Gerhardts kunstvoller Versform, die im Druck unserer Gesangbücher leider verlorengeht, wodurch ein wesentliches Element seines dichterischen Schaffens verlorengeht.

Im dritten, ungewöhnlich innigen Liede zur Weihnacht: „Ich steh' an deiner Krippen hier", betrachtet der Dichter mit fast scheuer Zurückhaltung und staunender Anbetung das unergründliche Geheimnis der Menschwerdung Gottes. In den ursprünglich fünfzehn Strophen findet die weiche Sprache Gerhardts, die aber keineswegs sentimental ist, ihren bezeichenden Ausdruck. Johann Sebastian Bach hat dem mitschwingenden ernsten Unterton des Gedichts in seiner wundervollen Vertonung mit Recht das Hauptgewicht gegeben.

Das vierte ist wohl am volkstümlichsten geworden: „Kommt und laßt uns Christum ehren"; ein Lied, das nun wieder den Glanz der Weihnachtsbotschaft verkündet. Zum erstenmal in der Sammlung seiner Gedichte durch den Kantor Ebeling 1666 gedruckt, ist es eine Umformung des lateinischen Weihnachtsliedes aus dem 14. Jahrhundert: „Quem pastores laudavere" („Den die Hirten lobten sehre"), das beim feierlichen Hochamt in der Christnacht von verschiedenen Chören, bald einzeln, bald vereint, gesungen wurde: das sogenannte „Quempas-Singen", wie es das Volk nannte und wie es noch zu Paul Gerhardts Zeiten auch in der evangelischen Kirche Brauch war.

Während manchmal seine Gedichte überlang sind, schuf er dieses Lied als sein kürzestes mit nur acht Strophen von besonderer Einfachheit: Es ist wirklich ein Hirtenlied in seiner Natürlichkeit und Lieblichkeit, dessen altkirchliche Melodie auch ganz „hirtenmäßig" ist.

Auch in drei weiteren Weihnachtsgesängen spüren wir echte Dichtkunst und bedauern, daß sie der christlichen Gemeinde ganz und gar verloren sind: So wenn es in den fünfzehn Strophen in kunstvollem Versbau von „O Jesu Christ / dein Kripplein ist / mein Paradies, da meine Seele weidet!" heißt:

Tritt zu ihm zu!
Such Hilf' und Ruh'!
Er wird's so machen, daß du ihm wirst danken.
Er weiß und kennt,
was beißt und brennt,
versteht wohl, wie zumute sei dem Kranken.

In weiteren Versen folgt dann der Hinweis darauf, daß eben darum Christus hat „den Grimm / des Kreuzes auch am Leib wollen tragen".

Auch das „Christ-Wiegenlied" ist von schlichter Schönheit. Er dichtete es nach einer lateinischen Hymne des Innsbrucker Kapellmeisters Stadelmayer zur Aufstellung des Kripplein in der Christmette. Es beginnt mit folgenden zwei Strophen:

Alle, die ihr, Gott zu ehren,
unsre Christlust wollt vermehren,
eia, eia,
steht und hört vor allen Dingen
Gottes Mutter fröhlich singen
bei dem Kripplein ihres Sohns:
eia, eia,
schlaf und ruhe,
schlaf, schlaf, liebes Jesulein!

Schlaf, du großer Weltberater,
Bräut'gam, Sohn und selbst auch Vater,
eia, eia,
Bett und Lager, das dich träget,
hab' ich dir zurechtgeleget,
schlaf, du schönstes Kindelein!
Eia, eia,
schlaf und ruhe,
schlaf, schlaf, trautes Herzelein!

Ein neuerer Biograph, Ernst Koch, weist mit Recht darauf hin, daß Paul Gerhardt von allen Feiertagen des Kirchenjahres die Passionszeit mit den meisten und herrlichsten Liedern besungen hat. Er hat nicht nur die ganze Leidensgeschichte in einem Lied poetisch bearbeitet und die große Weissagung vom Leiden des Messias aus Jesaja 53 umgedichtet; er hat der Gemeinde dazu noch zwei weitere Lieder geschenkt. In dem dramatisch bewegten „Ein Lämmlein geht" enthüllt er uns die himmlische Vorgeschichte der irdischen Passion. Mit dem zweiten „O Welt, sieh hier dein Leben" führt er uns nach Golgatha.

Die kindlich-gläubige Verkleinerungsform „ein Lämmlein" stammt nicht von Paul Gerhardt, sondern findet sich schon zur Reformationszeit auf Christus angewendet. Das zweite Lied ist nach der berühmten Melodie „O Welt, ich muß dich lassen" gedichtet, die Bach in mehrfachem, kunstvollem Satz in seine beiden Passionen verwoben hat, wodurch sie noch weit über die kirchlichen Kreise hinaus ihre tief ergreifende Wirkung ausüben. Die Herrlichkeit der Gottesliebe in der Hingabe des Gottessohnes ist wohl nie eindringlicher besungen als in den Zeilen:

O Wunderlieb', ob Liebesmacht!
Du kannst, was nie ein Mensch gedacht:
Gott seinen Sohn abzwingen.
O Liebe, Liebe, du bist stark,
du streckest den in Grab und Sarg,
vor dem die Felsen springen!

„Es ist, als ob man das Erdbeben beim Tode des Erlösers miterlebe, so oft man diese Worte singt – aber über diesem Erdbeben und der Finsternis, die über das ganze

Land sich legt, zugleich die Glorie des geöffneten Himmels“ (Hesselbacher).

Gegenüber dem gefühlsweichen Wundenkult und der übertrieben empfindungsvollen Passionsmystik seiner Zeitgenossen ist Paul Gerhardt verhältnismäßig zurückhaltend. Seine Ehrfurcht und Demut halten sich von dem genießerischen oder selbstquälerischen Wunden- und Blutkult fern, so tiefen innersten Anteil sein erschüttertes Herz auch an den Leiden Christi nimmt und so innigen Ausdruck er seiner Liebe gibt. Diese „Jesus-Minne“ ist eines der wesentlichsten verbindenden Glieder, mit denen Paul Gerhardt zwischen der älteren Mystik und dem Pietismus vermittelt. Auch ein Gottfried Arnold und Gerhard Tersteegen haben den starken Einfluß dieser Jesus-Dichtungen erfahren.

Zwei seiner bekanntesten Passionslieder stammen aus lateinischen Quellen, und zwar aus dem sogenannten „Passions-Salve an die sieben leidenden Glieder Christi“ nach mittelalterlichen Hymnen, die dem auch von Luther hochverehrten heiligen Bernhard von Clairvaux irrtümlich zugeschrieben wurden. Paul Gerhardts Bearbeitungen fanden sich zum erstenmal in Crügers Gesangbuch von 1653. Zwei von ihnen gingen vollständig ins Bewußtsein und Gedächtnis der glaubenden Gemeinde über. Gleich das erste Salve (Grußformel), „An die Füße“ gerichtet, beginnt: „Sei mir tausendmal gegrüßet / der mich je und je geliebt: / Jesu, der du selbst gebüßet / das, womit ich dich betrübt.“ Das siebente und letzte Salve aber ist in Paul Gerhardts Übersetzung das durch Bachs Matthäus-Passion weit über alle Grenzen bekannte und erschütternde Lied: „O Haupt voll Blut und Wunden“.

Zum Fest der Auferstehung drängte es ihn, in einem fast episch zu nennenden, längeren Gedicht seiner überwältigenden Freude Ausdruck zu geben. Doch von den

36 Strophen dieser mehr schildernden Dichtung: „Nun freut euch hier und überall / ihr Christen, liebe Brüder!" ist nichts mehr lebendig geblieben.

Dagegen lebt der Ostergesang „Auf, auf, mein Herz, mit Freuden" in unverminderter Frische auch heute weiter.

Auf, auf, mein Herz, mit Freuden
nimm wahr, was heut geschicht!
Wie kommt nach großem Leiden
nun ein so großes Licht!
Mein Heiland war gelegt
da, wo man uns hinträgt,
wenn von uns unser Geist
gen Himmel ist gereist.

Er war ins Grab gesenket,
der Feind trieb groß Geschrei.
Eh er's vermeint und denket,
ist Christus wieder frei
und ruft Viktoria,
schwingt fröhlich hie und da
sein Fähnlein als ein Held,
der Feld und Mut behält.

Man müßte auch die folgenden Strophen einzeln betrachten, um die ganze sieghaft triumphierende Heilsgewißheit und Freude des Dichters zu empfinden, die in seinen Worten jubelnd hervorbrechen.

Endlich hat Paul Gerhardt auch das letzte der christlichen Feste, Pfingsten, in drei großen Gedichten besungen; hatte er doch selbst den Reichtum neuen Lebens, das durch Gottes Heiligen Geist geweckt wird, reichlich erfahren: Freude, Liebe und Friede. So ist in der „königlichen Pracht“ der ersten Strophe des frühesten Pfingstliedes „die ganze Theologie des Heiligen Geistes eingefangen“ (R.A. Schröder):

Zeuch ein zu deinen Toren,
sei meines Herzens Gast,
der du, da ich geboren,
mich neu geboren hast,
o hochgeliebter Geist
des Vaters und des Sohnes,
mit beiden gleichen Thrones,
mit beiden gleich gepreist!

Bevor noch der schreckliche Krieg beendet war, stimmte der Dichter diesen hellen Klang an. Das können wir aus der Bitte der neunten Strophe erkennen:

Ach, edle Friedensquelle,
schleuß deinen Abgrund auf
und gib dem Frieden schnelle
hier wieder seinen Lauf!
Halt ein die große Flut,
die Flut, die eingerissen
so, daß man siehet fließen,
wie Wasser, Menschenblut.

Was für eine Glaubensfreudigkeit aus innerster Erfahrung gehörte dazu, damals zum Preise des Heiligen Geistes singen zu können:

Du bist ein Geist der Freuden,
von Trauern hältst du nicht,
erleuchtest uns in Leiden
mit deines Trostes Licht.

Ach ja, wie manchesmal
hast du mit süßen Worten
mir aufgetan die Pforten
zum güldnen Freudensaal!

Kreuz- und Trostlieder

Doch nicht nur zu den höchsten Feiertagen der Kirche hat Paul Gerhardt seine Gesänge angestimmt, um die großen Taten Gottes mit der Menschheit durch Christus zu preisen. Seine Dichtkunst erweist sich noch mehr in den ganz persönlichen Kreuz- und Trostliedern, in den Gebetsliedern und dort, wo er zum Morgen oder Abend oder zum Lob Gottes in der Natur seine innersten Empfindungen ins dichterische Wort faßt.

Zunächst dichtete er für sich allein, aber seine Lieder eroberten sich rasch ihren Platz in der häuslichen Andacht weiter Kreise und dann auch in der Kirche. Die Rücksicht auf rein kirchliche Zwecke hätte seiner ganzen Art zu enge Fesseln angelegt. Nicht im strengen Choral, sondern erst in der freien Form des Liedes konnte sich der eigentümliche Charakter seiner Lyrik voll entwickeln. Zwar sahen wir, mit welcher Meisterschaft er alte lateinische Kirchenlieder in deutsche Worte kleidete. Manchmal ließ er sich auch von einer früheren Melodie anregen, oder er gab Nachdichtungen von Psalmen oder von Betrachtungen, etwa vom „Paradiesgärtlein“ des von ihm hochgeschätzten Johann Arnd, des Verfassers des berühmten Buches „Vom wahren Christentum“.

Aber die dichterische Begabung Paul Gerhardts zeigt sich dann am klarsten, wenn aus zitternder Sorge um die eigene Seele und aus der tief erfahrenen Freude um die

Gewißheit seiner Erlösung jene Verse hervorbrechen, die dann die Christen aller nachfolgenden Jahrhunderte – als ihren eigenen Gefühlen, Gedanken und Erlebnissen entsprechend – ihm nachgesungen haben.

Betrachten wir zunächst seine „Lieder von Kreuz, Trost und Gottvertrauen", von denen „Befiehl du deine Wege" wohl das bekannteste und segensreichste geworden ist! Dieser Wirkung hat auch die überaus künstliche Form des Akrostichons nicht Abbruch getan, wobei die jeweils ersten Worte der zwölf Strophen den Satz aus dem Psalm 37 wiedergeben: „Befiehl dem Herrn deine Wege und hoffe auf ihn, er wird's wohl machen."

Während bei den Dichtungen seiner Zeitgenossen dieses besondere Kunstmittel leicht in Spielerei ausartet, wendet es Paul Gerhardt mit natürlicher Zwanglosigkeit an, so daß sich eine geschlossene, wunderbar aufgebaute Einheit ergibt. Ebenso steht er dem zum Vorbild genommenen Text aus der Bibel mit größter Freiheit gegenüber.

Ein Kenner des deutschen evangelischen Kirchenliedes, Paul Dorsch, hat darauf aufmerksam gemacht, daß dieses Lied, wie auch andere, in der äußeren Form an die Nibelungenstrophe des ersten deutschen Nationalepos erinnert.

Noch viele andere Kreuz- und Trostlieder hat sich Paul Gerhardt von der Seele gesungen, mehr als je ein anderer Dichter.

In allem Leid klingen dennoch das Lob des himmlischen Vaters und dankbares Vertrauen, ja manchmal geradezu ein freudiger Ton hindurch. Einige weniger bekannte, dennoch unvergängliche Lieder seien erwähnt, in denen er bekümmerten Gemütern aus eigener Erfahrung Trost und Ermutigung spendet („Christliche Ergebung in Gottes Willen"):

Ich hab' in Gottes Herz und Sinn
mein Herz und Sinn ergeben:
Was Böses scheint, ist mir Gewinn,
der Tod selbst ist mein Leben.
Ich bin ein Sohn
des, der den Thron
des Himmels aufgezogen;
ob er gleich schlägt
und Kreuz auflegt,
bleibt doch sein Herz gewogen.

Willst du mir geben Sonnenschein,
so nehm ich's an mit Freuden;
soll's aber Kreuz und Unglück sein,
will ich's geduldig leiden.
Soll mir allhier
des Lebens Tür
noch ferner offenstehen:
Wie du mich führst
und führen wirst,
so will ich gern mitgehen.

Erst wenn man sämtliche zwölf Verse auf sich wirken läßt, erkennt man, daß hier, wo des Dichters Seele spricht, auch seine Sprache groß und eindringlich ist.

Ein anderer „Trostgesang in Schwermut und Anfechtung" ist bezeichnend für Paul Gerhardt. Leider können hier nur die erste und letzte von den ursprünglich 17 Strophen dem Leser einen Eindruck von der Fülle dieses zu wenig gewürdigten Liedes vermitteln, das doch zu seinen ureigensten gehört:

Schwing dich auf zu deinem Gott,
du betrübte Seele!
Warum liegst du, Gott zum Spott,
in der Schwermutshöhle?
Merkst du nicht des Satans List?
Er will durch sein Kämpfen
deinen Trost, den Jesus Christ
dir erworben, dämpfen.

Ei, so faß, o Christenherz,
alle deine Schmerzen,
wirf sie fröhlich hinterwärts,
laß des Trostes Kerzen
dich entzünden mehr und mehr;
gib dem großen Namen
deines Gottes Preis und Ehr'!
Er wird helfen. Amen.

Petrich bemerkt hierzu, daß die Gedanken und Worte des Schlusses von Römer 8 so unverkennbar durchklingen, daß dieser Schriftabschnitt als ihre Quelle bezeichnet werden kann.

Ein Pauluswort aus demselben Kapitel: „Ist Gott für uns, wer mag wider uns sein?" ist auch in der Überschrift des ersten Druckes 1653 zum folgenden „Christlichen Trost- und Freudenlied" angegeben:

Ist Gott für mich, so trete
gleich alles wider mich;
sooft ich ruf' und bete,
weicht alles hinter sich.
Hab' ich das Haupt zum Freunde
und bin geliebt bei Gott,
was kann mir tun der Feinde
und Widersacher Rott'?

Sein Geist spricht meinem Geiste
manch süßes Trostwort zu:
wie Gott dem Hilfe leiste,
der bei ihm suchet Ruh'.
Und wie er hab' erbauet
ein' neue, edle Stadt,
da Aug' und Herze schauet,
was es geglaubet hat.

Wir kennen die Entstehungsgeschichte dieses Luther nahekommenden Hymnus: Am 26. Februar 1651 hatte Gerhardts Freund, Pfarrer Johann Berkow, ein Kindlein in der Marienkirche zu Berlin getauft und nachmittags einen Heimgegangenen auf den Friedhof hinausbegleitet. Während er auf dem Rückweg zur Stadt mit zwei Freunden eifrig über theologische Fragen sprach, brach er plötzlich zusammen. Ein Herzschlag hatte seinem Leben ein Ende gesetzt.

Als Beerdigungstext für ihn wurde Römer 8,31 gewählt: „Ist Gott für uns, wer mag wider uns sein?" Paul Gerhardt, welcher der Feier mit tiefer Ergriffenheit beigewohnt hatte, ging nach Hause und schrieb obiges Lied nieder.

Als letztes Lied dieser Gruppe sei genannt: „Gib dich zufrieden und sei stille". Rudolf Alexander Schröder nennt es „die Perle aller Perlen" und sieht darin eine christliche Antwort auf eine der schönsten Oden des römischen Dichters Horaz.

Es entstand in der Zeit der schwersten inneren Kämpfe Paul Gerhardts nach Psalm 37,7: „Sei stille dem Herrn und warte auf ihn!" Neuartig sind der Strophenbau und Rhythmus des Liedes, in dem sich das machtvolle Ringen des Dichters verrät, das doch immer wieder zur getrosten Ruhe findet:

Gib dich zufrieden und sei stille
in dem Gotte deines Lebens;
in ihm ruht aller Freuden Fülle,
ohn' ihn mühst du dich vergebens.
  Er ist dein Quell
  und deine Sonne,
  scheint täglich hell
  zu deiner Wonne.
Gib dich zufrieden!

„Man fühlt den tiefen Schmerz des leidgereiften Menschen, den auch seine Freunde nicht mehr verstehen. Aber er wird darob nicht verbittert; all dieses Leid treibt ihn nur mehr in des Vaters Arme. Doch man meint die dunklen Augen des Dichters auf sich gerichtet zu sehen, wenn man im elften Verse liest: ‚Es kann und mag nicht anders werden; alle Menschen müssen leiden.' Das ist nicht der schwermütige Blick des Melancholikers, sondern des Christen, der die harte Wirklichkeit des Wortes erlebt und lebt: Wer mir nachfolgen will, der nehme sein Kreuz auf sich täglich und folge mir nach!" (Rudolf Alexander Schröder).

Nirgends hat der Dichter gewaltiger und schöner von „Gottes Tag" geredet als in den abschließenden Strophen 14 und 15. Sie sprechen von der Hoffnung auf den verheißenen ewigen Ruhetag: „da uns unser Gott wird lösen, / er wird uns reißen aus den Banden / dieses Leibs und alles Bösen".

Er wird uns bringen zu den Scharen
der Erwählten und Getreuen,
die hier mit Frieden abgefahren,
sich auch nun im Frieden freuen,
  da sie den Grund,
  der nicht kann brechen,

den ew'gen Mund
selbst hören sprechen:
Gib dich zufrieden!

Vom Tod und ewigen Leben

Die Lieder vom Tod und ewigen Leben nehmen einen breiten Platz im Schaffen des Dichters ein. Zwar wurden die meisten, die zum Tode ihm nahestehender Freunde oder deren Kinder gedichtet sind, vergessen, aber sie gehörten teilweise zu seinem besten Gut.

Wie wir schon aus seiner Lebensbeschreibung erfahren haben, ist sein frühestes, in die Wittenberger Zeit zurückgehendes Gedicht „Freudige Empfahung des Todes" nach Paul Röbers, seines Lehrers, „O Tod, o Tod, schreckliches Bild" verfaßt. Es schließt, wie fast alle diese Sterbelieder, der Dichter habe den Trost, Jesus werde „zum Leben kräftig rüsten mich, / drum schlaf' ich ein mit Freuden".

Von besonderer Innigkeit und Vorfreude auf die Ewigkeit, ja man könnte sagen, von Sehnsucht nach ihr erfüllt, ist der lange Gesang (18 Strophen) „Vom jüngsten Tage". Der äußere Anlaß dazu war wohl das Erscheinen eines Kometen im Jahre 1652. Das Lied war wegen seines Inhalts und der Leichtigkeit seiner Reime in den Gemeindegesangbüchern weit verbreitet. Heute ist es kaum noch bekannt:

Die Zeit ist nunmehr nah,
Herr Jesu, du bist da!
Die Wunder, die den Leuten
dein' Ankunft sollen deuten,
die sind, wie wir gesehen,
in großer Zahl geschehen.

Dies gib, Herr, und verleih,
auf daß dein' Huld und Treu
ohn' Unterlaß mich wecke,
daß mich dein Tag nicht schrecke,
da unser Schreck auf Erden
soll Fried' und Freude werden.

In diesen Kreis gehört auch das berühmte Pilgerlied, überschrieben: „Aus dem 119. Psalm Davids". Es ist eine seiner letzten Dichtungen und scheint in seiner gedankenreichen Art mehr zum Lesen und Beten als zum Singen bestimmt:

Ich bin ein Gast auf Erden
und hab' hier keinen Stand,
der Himmel soll mir werden,
da ist mein Vaterland.
Hier reis' ich aus und abe,
dort in der ew'gen Ruh',
ist Gottes Gnadengabe,
die schleußt all' Arbeit zu.

Welche Schönheit strömt schon die erste Strophe aus! Sie könnte ein Lied für sich sein, über dem die innige Stimme des Heimwehs zart ausgebreitet liegt und herrlich aus den beiden letzten Strophen hervorstrahlt:

Du aber, meine Freude,
du meines Lebens Licht,
du zeuchst mich, wenn ich scheide,
hin vor dein Angesicht,
ins Haus der ew'gen Wonne
da ich stets freudenvoll
gleich als die helle Sonne
nebst andern leuchten soll.

Da will ich immer wohnen
und nicht nur als ein Gast,
bei denen, die mit Kronen
du ausgeschmücket hast;
da will ich herrlich singen
von deinem großen Tun
und frei von schnöden Dingen
in meinem Erbteil ruhn.

„Dieses Lied gehört zu den seelsorgerlichsten unter den Sterbe- und Ewigkeitsliedern und hat bis heute seine Segensgeschichte. Der Dichter der Trostlieder tröstet andere, indem er sich selbst Trost zuspricht" (Paul Althaus).

Lob und Dank und Gebet

Der Preis Gottes für alle seine großen Taten aus rettender Vaterliebe heraus bildet den tiefen Grundakkord der Dichtung Paul Gerhardts. Es wurde schon mehrfach festgestellt, daß manchmal Jesus Christus nicht ausdrücklich in diesen Lobliedern genannt wird, die er im Sinne des ersten Glaubensartikels zu Ehren Gottes anstimmt. Jedoch wissen wir, daß bei Paul Gerhardt der Erlöser immer dahinter steht: „O Wunderlieb', o Liebesmacht, du kannst, was nie kein Mensch gedacht: Gott seinen Sohn abzwingen." Sein Leitmotiv ist in den folgenden beiden Strophen angegeben („Was Gott gefällt"):

Ach könnt' ich singen, wie ich wohl
im Herzen wünsch' und billig soll,
so wollt' ich öffnen meinen Mund
und singen jetzo diese Stund',
was Gott gefällt.

Ich wollt' erzählen seinen Rat
und übergroße Wundertat,
das süße Heil, die ew'ge Kraft,
die allenthalben wirkt und schafft,
was Gott gefällt.

Von der herzlichen Fröhlichkeit, die durch diese Lieder hindurchgeht, spricht schon das erste, das im Friedensjahr 1648 entstand („Nun danket alle Gott"):

Nun danket all' und bringet Ehr',
ihr Menschen in der Welt,
dem, dessen Lob der Engel Heer
im Himmel stets vermeld't!

Ermuntert euch und singt mit Schall
Gott, unserm höchsten Gut,
der seine Wunder überall
und große Dinge tut!

Er gebe uns ein fröhlich Herz,
erfrische Geist und Sinn
und werf' all' Angst, Furcht, Sorg' und Schmerz
ins Meeres Tiefe hin!

Solange dieses Leben währt,
sei er stets unser Heil,
und wann wir scheiden von der Erd',
verbleib' er unser Teil!

Wie Martin Rinckart in seinem Kirchenlied zur hundertjährigen Gedenkfeier der Confessio Augustana (Augsburger Bekenntnis) „Nun danket alle Gott" von dem alttestamentlichen Spruch in Jesus Sirach 50,24 aus-

Sakristei der St. Moritz-Kirche in Mittenwalde.

ging, so auch Paul Gerhardt in diesen volksliedhaften, leicht singbaren Versen. Mit feiner Einfühlungsgabe und dennoch freimütig gibt er den Worten einen tiefen Sinn: „Danket alle Gott, der große Dinge tut an allen Enden!“

Ähnlich ist ein anderes reines Freudenlied, das kurz nach dem Friedensschluß entstand: „Ich singe dir mit Herz und Mund, / Herr, meines Herzens Lust; / ich sing' und mach auf Erden kund, / was mir von dir bewußt.“

Preis und Dank und sieghaftes Vertrauen auf Gottes Barmherzigkeit atmen der „Lobgesang“ mit dem bekannten Kehrreim am Ende von elf Strophen: „Alles Ding währt seine Zeit, / Gottes Lieb' in Ewigkeit.“ Wie der Eingang als eine spontane Äußerung des Empfindens erscheint, so klingt der Schluß in einem getrosten Gebet aus:

Strophe 1:

Sollt' ich meinem Gott nicht singen?
Sollt' ich ihm nicht dankbar sein?
Denn ich seh' in allen Dingen
wie so gut er's mit mir mein'.
Ist doch nichts als lauter Lieben,
das sein treues Herze regt,
das ohn' Ende hebt und trägt,
die in seinem Dienst sich üben.
Alles Ding währt seine Zeit,
Gottes Lieb' in Ewigkeit.

Strophe 12:

Weil denn weder Ziel noch Ende
sich in Gottes Liebe find't,
ei, so heb' ich meine Hände
zu dir, Vater, als dein Kind;
bitte, wollst mir Gnade geben,

dich aus aller meiner Macht
zu umfangen Tag und Nacht
hier in meinem ganzen Leben,
bis ich dich nach dieser Zeit
lob' und lieb' in Ewigkeit.

Innerlich damit verwandt ist die Umdichtung des „146. Psalms Davids", ein Lied, das früher in Haus und Gemeinde weit verbreitet war, heute aber erst wieder einem größeren Kreis erschlossen werden muß; denn jede Strophe ist eine besonders kostbare Perle. Von ihnen kann hier wieder nur die erste und letzte auf den ganzen Reichtum hinweisen:

Du meine Seele, singe,
wohlauf, und singe schön
dem, welchem alle Dinge
zu Dienst und Willen stehn!
Ich will den Herren droben
hier preisen auf der Erd',
ich will ihn herzlich loben,
solang' ich leben werd'.

Ach, ich bin viel zu wenig,
zu rühmen seinen Ruhm!
Der Herr allein ist König,
ich eine welke Blum'.
Jedoch, weil ich gehöre
gen Zion in sein Zelt,
ist's billig, daß ich mehre
sein Lob vor aller Welt.

Im Stil der großen Hymnen ist der „Morgengesang" gedichtet: „Lobet den Herren, alle, die ihn ehren!" Rudolf Alexander Schröder sagt dazu: „Glücklich das Volk, auch im tiefsten Unglück, das solches Kleinod sein eigen nennt! Ach wollte und dürfte unser Volk auch heut sein Eigentum an ihm recht kräftig bewähren! Dann würde es erkannt haben, was zu seinem Frieden dient."

Lobet den Herren,
alle, die ihn ehren!
Laßt uns mit Freuden seinem Namen singen
und Preis und Dank zu seinem Altar bringen!
Lobet den Herren!

Gott in der Natur

Zu den unvergänglichen Gesängen des Dichters gehören seine Morgen- und Abendlieder. Der eben genannte Rudolf Alexander Schröder zitiert: „Wach auf, mein Herz und singe / dem Schöpfer aller Dinge!" und ruft uns zu: „Lest es, liebe Freunde, singt es! Gesegnet jeder Tag, der in solchem Licht beginnt!"

Zum Glück darf gesagt werden, daß dies Lied auch heute überall in der Christenheit lebendig ist, nachdem es schon nach seinem ersten Erscheinen 1647 bald in das Liedgut des deutschen Volkes einging, und zwar – was selten geschah – mit allen seinen zehn Strophen.

Fast das gleiche läßt sich von dem „Morgensegen" sagen. „Die güldne Sonne", die zwar wörtliche Anklänge an Lieder seiner Vorgänger Zesen und Löwenstern aufweist und auch in der flüssigen, rhythmischen Gestaltung nicht neu ist, muß dennoch zu den Höhepunkten der zeitgenossischen Dichtung überhaupt und zu den reifsten und schönsten Liedern Paul Gerhardts gezählt werden.

Auch die Melodie von Ebeling, seinem Organistenfreunde, trifft den festlich frohen Ton der Verse ausgezeichnet. Die herrlichen Schlußzeilen sollen hier nicht fehlen:

Kreuz und Elende,
das nimmt ein Ende;
nach Meeresbrausen
und Windessausen
leuchtet der Sonne erwünschtes Gesicht.
Freude die Fülle
und selige Stille
hab' ich zu warten
im himmlischen Garten;
dahin sind meine Gedanken gericht't.

Als gleichwertiges Gegenstück gilt das „Abendlied": „Nun ruhen alle Wälder". Es wird als bahnbrechend in der Literaturgeschichte bezeichnet, weil Paul Gerhardt hier ganz deutlich den seit den Minnesängern lange verschütteten Weg zur reinen, unbeschwerten Naturliebe wiederfand. Entstanden in seiner ersten Berliner Zeit, hat es sich bald mit seiner schlichten Innigkeit am tiefsten ins Herz des Volkes hineingesungen, und nur vorübergehend verschwand es – wenigstens in Preußen – aus Haus und Kirche, als Friedrich II. über „dergleichen dummes und törichtes Zeug" in einer Kabinettsorder gespöttelt hatte.

Über die tiefgehende Wirkung gerade der neun Strophen dieses Liedes mit seiner Schlichtheit, Einfachheit und zugleich so tiefen Frömmigkeit soll am Schluß des Buches noch gesprochen werden. Hier nur so viel, daß die mehrfach erwähnte „Betrachtung zu Liedern Paul Gerhardts" von Rudolf Alexander Schröder mit der Anfangszeile des Abendliedes überschrieben ist und das Lied zusammen mit dem „Morgensegen“ als Wunder der Sprache und Wunder des innigen Gemütes bezeichnet. Seine Deutung möge uns zum besseren Verständnis verhelfen:

„Die Strophen sind zweigeteilt, der Aufgang schildert das Tagesende, und der Abgesang gibt die entsprechende Betrachtung, bis dann zuletzt, im Moment des Einschlafens, Vorgang und Betrachtung in eins zusammenfließen. Wir erleben den Abendgang eines Mannes, der noch einmal den Blick durch die verdämmernde Welt neben sich und über sich wandern läßt, um dann sein Kämmerlein aufzusuchen. Was hat reiner frommer Dichtergeist aus diesem schlichten Vorwurf zu machen gewußt! Schritt für Schritt begleiten wir unseren Dichter bei seinem letzten Tagestun, Schritt für Schritt steigert und verstärkt sich die geistliche Erhebung. Es lebt etwas vom Geist frühchristlicher Hymnik in unseren Strophen; aber ihr mönchisches Wesen dünkt arm gegenüber der herzlichen Fülle dieses Lebens- und Volksliedes.“

Die beiden ersten und die beiden letzten Strophen lauten:

Nun ruhen alle Wälder,
Vieh, Menschen, Städt und Felder,
es schläft die ganze Welt;
ihr aber, meine Sinnen,
auf, auf! ihr sollt beginnen,
was eurem Schöpfer wohlgefällt.

Wo bist du, Sonne, blieben?
Die Nacht hat dich vertrieben,
die Nacht, des Tages Feind.
Fahr hin! ein andre Sonne,
mein Jesus, meine Wonne,
gar hell in meinem Herzen scheint.

Breit aus die Flügel beide,
o Jesu, meine Freude,
und nimm dein Küchlein ein!
Will Satan mich verschlingen,
so laß die Engel singen:
Dies Kind soll unverletzet sein!

Auch euch, ihr meine Lieben,
soll heute nicht betrüben
kein Unfall noch Gefahr:
Gott laß euch selig schlafen,
stell euch die güldnen Waffen
ums Bett und seiner Engel Schar!

R.A. Schröder hat auch die Schönheit eines anderen „Abendsegens" eindringlich erläutert, der – leider sehr unbekannt – sich durch Schwung und Klangfülle und anschauliche Nähe der Bilder auszeichnet. Wenigstens der Liedanfang soll davon einen Eindruck vermitteln:

Der Tag mit seinem Lichte
fleucht hin und wird zunichte;
die Nacht kommt angegangen,
mit Ruhe zu empfangen
den matten Erdenkreis.
Der Tag, der ist geendet,
mein Herz zu dir sich wendet,
der Tag und Nacht geschaffen,
zu wachen und zu schlafen,
will singen deinen Preis.

Unverfälschte und reine Naturmalerei finden wir in Paul Gerhardts köstlichem „Sonnengesang": „Geh aus, mein Herz und suche Freud", der, gleichfalls in der

Melodie Ebelings, zu einem beliebten Lied geworden ist. Er schlägt voll Freude in dem großen Bilderbuch Gottes eine Seite nach der andern auf, bis der Dichter höher hinaufblickt zum himmlischen Reich, dessen Abbild die schöne Erdenwelt als Gottes Schöpfung ist.

Ach, denk' ich, bist du hier so schön
und läßt du's uns so lieblich gehn
auf dieser armen Erden,
was will doch wohl nach dieser Welt
dort in dem reichen Himmelszelt
und güldnen Schlosse werden!

Doch will ich gleichwohl, weil ich noch
hier trage dieses Leibes Joch,
auch nicht gar stille schweigen;
mein Herze soll sich fort und fort
an diesem und an allem Ort
zu deinem Lobe neigen.

Einzelne Züge darin lassen uns die liebliche Umgebung von Mittenwalde erkennen, dem malerischen Städtchen zwischen sanften Hügelwellen und inmitten blühender Wiesen. Ein christlicher Dichter des 19. Jahrhunderts, Karl Gerok, hat dazu bemerkt:

„Daß der evangelische Christ eine Freude hat an der sichtbaren Schöpfung, daß ihm Aug und Herz und Mund aufgehen in der blühenden Natur, wie köstlich hat uns das der innig fromme, der tiefgelehrte, der vielgeprüfte Gerhardt zugesungen in seinem fröhlichen Sommerlied, in welchem man gleichsam das reifende Ährenfeld im Winde wogen sieht und die Lerche in blauen Lüften jubilieren hört!"

Besondere Gelegenheiten

Paul Gerhardt hat oft aus Anlässen des Augenblicks heraus gedichtet, doch ist das meiste davon nicht lebendig geblieben. So besitzen wir von ihm einen „Buß- und Betgesang bei unzeitiger Nässe und betrübtem Gewitter" oder ein „Danklied vor einen gnädigen Sonnenschein" oder ein „Danklied nach der Reise".

Ein andermal regt ihn der Beginn des Jahres zu einem „Neujahrsgesang" an: „Nun laßt uns gehn und treten". In den Worten zittern noch die Schrecken des Krieges und spricht die Sehnsucht nach Frieden:

Durch so viel Angst und Plagen,
durch Zittern und durch Zagen,
durch Krieg und große Schrecken,
die alle Welt bedecken...

Schleuß zu die Jammerpforten
und laß an allen Orten
auf so viel Blutvergießen
die Freudenströme fließen!

Die dreizehnte Strophe aber bringt einen für Paul Gerhardt typischen Gedanken, der auch bei Matthias Claudius am Schluß seines „Abendliedes" so ergreifend erscheint:

Hilf gnädig allen Kranken,
gib fröhliche Gedanken
den hochbetrübten Seelen,
die sich mit Schwermut quälen!

Von dem Hochzeitsgedicht für die befreundeten Joachim Fromm und Sabina Barthold hörten wir schon.

Es gibt auch mehrere Lieder zum „Preise des Ehestandes", von denen hier zunächst auf den „Trostgesang christlicher Eheleute" hingewiesen sei, der nach dem Rhythmus und auf die Melodie „Wie schön leuchtet der Morgenstern" als eines der spätesten Werke Paul Gerhardts und offenbar aus persönlicher Erfahrung heraus entstand. Wenn er uns auch in manchen Strophen kaum mehr zugänglich ist, so kommt er dennoch mit seinen alltäglichen Bildern so recht aus seinem Herzen, das sich in dieser kindlich treuherzigen Weise kundtut:

Wie schön ist's doch, Herr Jesu Christ
im Stande, da dein Segen ist,
im Stande heil'ger Ehe!
Wie steigt und neigt sich deine Gab'
und alles Gut so mild herab
aus deiner heil'gen Höhe,
 wenn sich
 an dich
 fleißig halten
 Jung' und Alten,
die im Orden
eines Lebens einig worden.

Ein weiteres Gedicht „Der wundervolle Ehestand" mit seinen volkstümlichen Reimen und Anführungen berühmter biblischer Ehepaare sei im folgenden mit zwei Strophen gebracht:

Voller Wunder, voller Kunst,
voller Weisheit, voller Kraft,
voller Hulde, Gnad' und Gunst,
voller Labsal, Trost und Saft,
voller Wunder, sag' ich noch,
ist der keuschen Liebe Joch.

Die sich nach dem Angesicht
niemals hie bevor gekannt,
auch sonst im geringsten nicht
mit Gedanken zugewandt,
deren Herzen, deren Hand
knüpft Gott in ein Liebesband.

Paul Gerhardts ausgeprägter Familiensinn hat sich außer in den Ehegedichten auch im Lob der Kinder- und Elternliebe ausgesprochen, in Liedern, die allerdings mehr für die Zartheit und gemütvolle Herzlichkeit des Dichters als für seine poetische Gabe Zeugnis ablegen.

Mit zwei Strophen aus Gerhardts „Pfingstlied" wollen wir diese kurze Würdigung seines dichterischen Werkes beschließen, weil sie noch in der heutigen Weltangst, auf den einzig wahren Halt und Trost inmitten aller irdischen Wirren hinweisen:

Du, Herr, hast selbst in Händen
die ganze weite Welt,
kannst Menschenherzen wenden,
wie es dir wohlgefällt:
So gib doch deine Gnad'
zu Fried'- und Liebesbanden;
verknüpf in allen Landen,
was sich getrennet hat!

Erhebe dich und steure
dem Herzleid auf der Erd',
bring wieder und erneure
die Wohlfahrt deiner Herd'!
Laß blühen wie zuvorn
die Länder, so verheeret,
die Kirchen, so zerstöret
durch Krieg und Feuerszorn!

Die Nachwirkung seiner Lieder

Noch während der Lebenszeit Paul Gerhardts müssen seine Lieder schon über die Grenzen von Brandenburg und Sachsen hinaus bekanntgeworden sein, wie einige Zeugnisse verraten. Es ist bezeichnend, daß sein Gegner, der Große Kurfürst, in das von ihm selbst veranlaßte Gesangbuch vom Jahr 1658 einige davon aufgenommen hatte und daß sein Lieblingslied bis an sein Ende blieb „Befiehl du deine Wege". Im Grunde seines Herzens mußte er Verständnis für Paul Gerhardts Haltung haben; denn er selbst lehnte den Übertritt zum Katholizismus ab, der ihm die polnische Königskrone verschafft hätte, und zwar mit Worten, die auch sein Prediger hätte sprechen können: „Und wenn es die Kaiserkrone wäre, so würde ich sie ausschlagen, wenn ich sie nur mit Verlust meiner Religion erkaufen könnte. Eine wohlerkannte Religion darf man um alle Kronen der Welt nicht ändern."

Nachdem Johann Crüger eine immer größere Zahl von Paul Gerhardts Liedern in die verschiedenen Auflagen seines Gesangbuches aufgenommen hatte, war es sein Amtsnachfolger Johann Georg Ebeling, der zuerst im Jahre 1666 diesen Schatz sammelte und in einzelnen Heften 120 Lieder herausgab.

Nach dessen Tod nahm sich der Nürnberger Ratsherr Konrad Feuerlein dieser Gedichtsammlung an, deren vierte Ausgabe er 1683 besorgte. Aus den Worten seiner Vorrede ist zu entnehmen, daß er von dem Tod des Dichters nur unsichere Kunde hatte. Er drückte den Wunsch aus, daß der allzu enge Kreis der in der Kirche gesungenen Choräle durch Lieder von Paul Gerhardt erweitert werden möchte. Ein Wunsch, der zehn Jahre später von dem Dresdner Gelehrten Adami mit der Begründung lebhaft unterstützt wurde: beide, Dichter und Komponist, hätten schon seit langem „viel tausend Christen in ihrer Andacht ermuntert durch ihre sehr wohlgesetzten Lieder, die wert wären, daß sie in die Kirche introduziert würden".

Die ländlichen Gemeinden wehrten sich länger dagegen, während die Städte unter dem Einfluß des Pietismus auf die Einführung von Gesangbüchern mit seinen Liedern bedacht waren. Dafür besitzen wir eine bezeichnende Aussage des sächsischen geistlichen Schriftstellers Christian Gerber aus dem Jahre 1720: „Die schönen, geistreichen Lieder Paul Gerhardts und andere neuere sind nun etliche Jahre hier allenthalben bekannt, so gar, daß auch viele Lieder itzo in Kirchen gesungen werden, von denen man vor dreißig und vierzig Jahren gar nichts gewußt hat."

Es ist charakteristisch für die harte und unbewegte Haltung des damaligen orthodoxen Luthertums, daß sich die Kirche so lange den Liedern Paul Gerhardts verschloß. Eine Ausnahme bildete der Lutheraner Erdmann Neumeister, der – selbst geistlicher Dichter – das Echte und Volkstümliche in der Poesie Paul Gerhardts spürte und ihn „einen wahrhaft christlichen, lieblichen und durchsichtigen (klaren) Dichter" nannte.

Dagegen hat der Pietismus dadurch für seine weite Verbreitung gesorgt, daß Johann Anastasius Freylinghausen, der Schwiegersohn August Hermann Franckes, im Jahr 1704 in sein berühmtes Gesangbuch 83 Gerhardt-Lieder aufnahm.

Dann hat Johann Sebastian Bach durch seine Passionen den Namen und die Lieder des Dichters in aller Welt bekannt gemacht. Zunächst freilich überflutete die mächtige Welle des Rationalismus, d.h. der Glaube an die Vernunft des Menschen, alles kirchliche Leben, das in seiner eigentlichen starken Gläubigkeit sozusagen nur unterirdisch weiterging. Aber immer gab es hochgestellte und einfache Christen, die den überlieferten Schatz zu würdigen wußten und von ihm lebten. So hat der württembergische Staatsmann Johann Jakob Moser, der tapfere, freimütige Rechtsbeistand seiner heimatlichen Landstände, im Wissen um die bevorstehende Verhaftung und Einkerkerung sich an Paul Gerhardts Vers gehalten:

Unverzagt und ohne Grauen
soll ein Christ,
wo er ist,
stets sich lassen schauen.

Ein Wort, das ihm dann im ganzen Land begegnete, als er nach fünfjähriger härtester Gefangenschaft auf der Feste Hohentwiel in einem ungewollten Triumphzug nach Stuttgart zurückkehrte.

Ein Menschenalter zuvor (1732) haben sich die wegen ihres Glaubens vertriebenen Salzburger an demselben Lied „Warum sollt' ich mich denn grämen“ gestärkt, als sie dem Evangelium das schwere Opfer von Vaterland, Heimat und Freundschaft brachten. Sie pflegten dies „christliche Freudenlied“ am frühen Morgen zu singen, wenn sie aus einer gastfreien Stadt auszogen, um mit Weib und Kind den beschwerlichen Weg durch fremde Länder weiter zu suchen. Als sie einmal gefragt wurden, ob sie denn nicht zuweilen schmerzlich an das Verlorene zurückdächten, stimm'en sie dieses Lied an. Dann sagte einer von ihnen: „Da habt ihr unsere Antwort. Wir grämen uns über nichts *mehr*, als daß wir so lange haben heucheln können und die erkannte Wahrheit nicht lange schon mit dem Munde bekannt, sondern uns vor Menschen gefürchtet haben."

Eine wichtige Rolle spielten Paul Gerhardts Lieder im Leben des Matthias Claudius, dem die Mutter schon früh „Befiehl du deine Wege" eingeprägt hatte. Sie pflegte es mit ihm zu singen, „wo es nicht war, wie es sollte".

Als sich im Jahre 1777 seine Zukunft nach schwerer Krankheit ganz unsicher gestaltete, schrieb Claudius an den Freund Herder als Antwort auf dessen bange Frage: Was in Wandsbeck anfangen?: „Übersetzen, Fortsetzung von Asmus und – Befiehl du deine Wege!". Er zitiert es ein andermal mit den Worten: „Es ist wie ein alter Freund im Hause, dem man vertraut und bei dem man in ähnlichen Fällen Rat und Trost sucht."

Daß sein berühmtes „Abendlied", eines der schönsten Gedichte in deutscher Sprache, nicht ohne Vorbild von „Nun ruhen alle Wälder" entstanden sein kann, ist offenkundig. Das Morgenlied „Wach auf, mein Herz, und singe" erklang oft im Kreis seiner großen Familie, und er führte es gern in seinen Betrachtungen an. – Übrigens hat auch Schillers fromme Mutter, wie der Dichter später aus seiner Kindheit erzählte, ihren Sohn früh mit Paul Gerhardt bekannt gemacht. Das Abendlied „Nun ruhen alle Wälder" sei „ihr Lieblingslied und ihm selbst von Kind auf lieb und wert gewesen".

Als ein besonders erfreuliches Zeichen der Nachwirkung Paul Gerhardts sei vermerkt, daß seine Lieder auch auf gläubige Katholiken ihren Eindruck nicht verfehlten. Schon ein Zeitgenosse des Dichters berichtet, „daß viele aus den anderen Konfessionen nur deshalb die lutherische Kirche besuchen, weil dieses Mannes herzbewegliche Lieder dort gesungen werden".

Bis zum heutigen Tage finden sich einige von ihnen in ihren Gesangbüchern, und der katholische Schriftsteller

Christoph von Schmid hat in seinen Jugendschriften neben anderen evangelischen Kirchenliedern mit Vorliebe solche von Paul Gerhardt eingeflochten.

Der zum Katholizismus übergetretene Graf Friedrich Leopold von Stolberg, ein Freund von Goethe und Claudius, hat sich im Sterben von seiner Tochter mit diesem Lied und im besonderen von der Strophe trösten lassen: „Wenn ich einmal soll scheiden, so scheide nicht von mir!" – Ein anderer berühmter Konvertit, der Altertumsforscher Johann Joachim Winckelmann, der als ein Mann der „Aufklärung" über den Konfessionen zu stehen glaubte, ließ sich 1768 in einer Anwandlung von Glaubensheimweh ein evangelisches Gesangbuch aus Hannover nach Rom kommen um eines einzigen Liedes willen, das er einst als Kurrendeschüler in der Heimat gesungen hatte: Es war Paul Gerhardts „Ich singe dir mit Herz und Mund".

Als er das ersehnte Lied nicht darin fand, schrieb er enttäuscht und empört an einen deutschen Freund: „Aber warum finde ich in dem hannoverschen Gesangbuch mein Leiblied nicht: Ich singe dir mit Herz und Mund, Herr, meines Lebens Lust? Lassen Sie diesen Mangel als eine Beschwerde von mir ans Konsistorium gelangen! Ich habe dieses Buch mit Not nach Rom kommen lassen und bin gezwungen, ein anderes Gesangbuch zu verschreiben. Es muß eine Ketzerei dahinter sein und verdient Ahndung."

Viele Beiträge zu der Segensgeschichte der einzelnen Lieder finden sich in den Werken über das deutsche Kirchenlied. Wir können hier nur noch auf einige wenige gewichtige Stimmen aus dem neunzehnten und zwanzigsten Jahrhundert verweisen. Sie bezeugen die andauernde Wirkung des schlichten geistlichen Sängers, der vor dreihundert Jahren zu dichten begann.

Als Königin Luise von Preußen auf der Flucht vor Napoleon – seelisch und körperlich unter dem Zusammenbruch ihres Landes schwer leidend – im Hauptquartier ihres Mannes zu Ortelsburg in Ostpreußen weilte, setzte sie sich weinend ans Klavier und sang: „Befiehl du deine Wege". Als sie aufstand, war ihr Auge klar, ihre Seele frisch und heiter.

Auch ein Mann von der Bedeutung eines Freiherrn vom Stein hat bei den nüchternen Gottesdiensten seiner aufgeklärten Zeit dennoch empfunden: „Ist die Predigt schlecht, so erklingt doch noch mitunter ein Lied von Doktor Luther oder Paul Gerhardt, und wenn man fromm sein will, geht's doch!"

Der bekannte General Yorck von Wartenburg aber hat sich unmittelbar vor der Entscheidung der Leipziger Völkerschlacht vor dem versammelten Offizierkorps an das Paul-Gerhardt-Wort gehalten: „Den Anfang, Mitt' und Ende, Herr Gott, zum Besten wende!"

Der tapfere Verteidiger Kolbergs gegen Napoleon, der alte Seemann Joachim Nettelbeck, ließ sich die dritte Strophe des herrlichen Pilgerliedes „Ich bin ein Gast auf Erden" auf seinen Sarg schreiben:

Mich hat auf meinen Wegen
manch harter Sturm erschreckt;
Blitz, Donner, Wind und Regen
hat mir manch' Angst erweckt;
Verfolgung, Haß und Neiden,
ob ich's gleich nicht verschuld't,
hab' ich doch müssen leiden
und tragen mit Geduld.

Nach den Befreiungskriegen gab der Bremer Bürgermeister Tidemann 1817 erstmals wieder nach langer Zeit

Paul Gerhardtsche Dichtungen in einer Auswahl heraus in der Hoffnung, „durch den Gebrauch der Lieder dem religiösen Sinn seiner Zeit mit aufzuhelfen".

Zwei Jahre darauf hat dann Ernst Moritz Arndt, der in seiner prachtvollen zündenden Schrift „Vom Wort und Kirchenlied" gegen die Entartung und Entstellung der Gesangbücher eiferte, seine gewichtige Stimme für Paul Gerhardt erhoben:

Er wolle zwar nichts für „heilig" erklären von dem, was Luther gedichtet und was aus Paul Gerhardt so hell geklungen und gesungen habe. „Aber auch aus dem Sterblichen und in dem Sterblichen wirkt und lebt der unsterbliche und unendliche Geist. Darum wette ich: solang Deutsch gesprochen wird, werden Luthers und Gerhardts meiste Lieder leben und in christlichen Kirchen gesungen werden, nicht weil der Luther oder Gerhardt sie gedichtet hat, sondern der Geist Gottes."

Um die Mitte des neunzehnten Jahrhunderts haben zwei so entgegengesetzte Persönlichkeiten wie der Dichter Friedrich Hebbel und der dänische Denker Sören Kierkegaard diese Lieder gepriesen. Kierkegaard sieht in Paul Gerhardt das Geheimnis der letzten ursprünglichsten Haltung des evangelischen Christen: In tiefer Einsamkeit steht die Seele vor Gott, läßt sich von ihm richten und erlösen.

Dann widmete sich auch die Wissenschaft der Aufgabe, Paul Gerhardts Namen und seine Werke zu würdigen. Die bedeutenden Germanisten Philipp Wackernagel und Karl Goedeke veranstalteten vollständige, textkritische Sammlungen und Ausgaben. August Vilmar, gleich groß als Forscher wie als Theologe, hat im Jahre 1845 in seiner berühmten „Geschichte der deutschen Nationalliteratur" in knappen, jedoch treffenden Worten Paul Gerhardts Bedeutung umrissen. Er nennt ihn den größten und fast den fruchtbarsten Liederdichter seiner Zeit, „dessen Lieder nicht allein für die seitdem verflossenen Jahrhunderte ein Ehrenschmuck der evangelischen Kirche und der deutschen Lyrik waren, sondern auch für alle kommenden Jahrhunderte die köstlichsten Perlen in dem Kranze der deutschen Dichtung und die edelsten Kleinode der evangelischen Kirche bleiben werden... Er hat sich an den einfachen, kindlichen Volkston gehalten, den er nur noch durch den Hauch der tiefsten Innigkeit weihete und vergeistigte."

Von Theodor Fontanes Hochschätzung für Paul Gerhardt hörten wir schon. Er beschließt seinen langen Aufsatz in den „Wanderungen durch die Mark Brandenburg" mit den Worten: „Wer reist nach Mittenwalde? Tausende wallfahrten nach Gohlis, um das Haus zu sehen, darin Schiller das ‚Lied an die Freude' dichtete; Mittenwalde besucht niemand, und doch war es in seinem Propsteigarten, daß ein anderes, größeres Lied an die Freude gedichtet wurde, das große deutsche Tröstelied ‚Befiehl du deine Wege'."

Zum Schluß seien noch die Aussprüche zweier Männer angeführt, deren Namen über Deutschlands Grenzen hinaus bekannt sind. Albert Schweitzer, der Urwalddoktor von Lambarene, kommt in seinem Buch „Zwischen Wasser und Urwald" gelegentlich auf das Verhältnis der Einheimischen zum Christentum zu sprechen. Dort heißt es:

„Das Christentum ist für ihn das Licht, das in die Finsternis der Angst scheint. Es versichert ihn, daß er nicht der Gewalt von Naturgeistern, Ahnengeistern und Fetischen ausgeliefert ist, und daß kein Mensch unheimliche Macht über den andern besitzt, sondern daß in allem Geschehen nur der Wille Gottes waltet.

Ich lag in schweren Banden,
du kommst und machst mich los ...

Dieses Wort aus Paul Gerhardts Adventslied spricht wie kein anderes aus, was das Christentum für den primitiven Menschen ist. Immer und immer wieder muß ich daran denken, wenn ich auf einer Missionsstation am Gottesdienst teilnehme."

Rudolf Alexander Schröder endlich beendet seine schöne Abhandlung über Paul Gerhardt mit einer Erläuterung von „Gib dich zufrieden und sei stille / in dem Gotte deines Lebens" und bekennt abschließend:

„Das Lied ist mit mir gegangen durch Jahrzehnte, in denen ich mich der Lehre und der Kirche Jesu Christi auf Nimmerwiedersehen entfremdet wähnte; sein Seelentum hat mich auch damals manchmal bis zu Tränen gerührt. Es sind Paul Gerhardts Lieder gewesen, an denen ich mit leiser Hand zurückgeführt worden bin, noch ehe mir das Wort der Schrift selbst wieder lebendig geworden war. Wenn ich daher auch heute nichts als Lob und Dank vorzubringen weiß, so muß ich schon mit Luther sagen: Ich kann nicht anders!"

Benutzte Literatur

Hermann Petrich: Paul Gerhardt. Ein Beitrag zur Geschichte des deutschen Geistes auf Grund neuer Forschungen und Funde. 1914.

Ernst Koch: Paul Gerhardt. Sein Leben und seine Lieder. 1926.

Karl Hesselbacher: Paul Gerhardt, der Sänger fröhlichen Glaubens. 1936.

Rudolf Alexander Schröder: Der Speicher. 1947.

Paul Dorsch: Das deutsche evangelische Kirchenlied in Geschichtsbildern. 1940.

Brunnen Taschenbücher

13011 Erich Schick
Seelsorge an der eigenen Seele

13024 Isselmann/Wunderlich
Der Sieg geht weiter

13026 Ada Lum
Ledig – na und?

13030 Walter Köhler
Intim vor der Ehe?

13057 Adolf Wunderlich
Mit dem Neuen Testament bis nach Sibirien

13067 Isselmann/Wunderlich
Das Licht der Gerechten brennt fröhlich

13068 Johanna Lorch
Opfernd reift die Frucht

13084 Isselmann/Wunderlich
Immer grüne Welle

13087 Sanders/Fraser
Wirksames Gebet

13100 Ernst Schreiner
Die Harfe der Hugenottin

13102 Walter Wanner
Wer bin ich – wer bist du?

13116 Adolf Wunderlich
Von Gott umgeben

13124 Ernst Schreiner
Die Meistergeige

13126 Klaus Bockmühl
Auf dem Weg

13129 Wilhelm Landgrebe
Dietrich Bonhoeffer

13139 Erich Schick
Geistesleitung

13145 Ernst Schreiner
Gesprengte Ketten

13146 Schick/Haag
Christian Friedrich Spittler

13147 Oswald Sanders
Maßstäbe, die herausfordern

13149 Anne Townsend
Überraschungen mit dem Gebet

13150 C.S. Lewis
Pardon, ich bin Christ

13156 Isobel Kuhn
Die mich suchen/ In der Arena

13163 Dieter Theobald
Stets zu Diensten

13164 Garth Lean
John Wesley

13166 Isselmann/Wunderlich
Der Herr macht Programm

13173 Werner Stoy
Du bist krank – ich kann dich verstehen

13174 Andreas Markusson
In der Finsternis wohnen die Adler

13175 Martin Luther
Wie man beten soll

13176 Ulrich Liedholz
Hoffen auf Leben

13178 Maria Stiefl-Cermak
Jemand hat mir zugelächelt

13180 Sheldon Vanauken
Eine harte Gnade

13192 Walter Wanner
Die Zukunft gewinnen – Das Leben meistern

13195 Dieter Weber
Öffne den Himmel über mir

13196 John Pollock
Hudson Taylor – Pionier im verbotenen Land

13203 Gerd Rumler
Klarer Kopf trotz matter Scheibe

13206 Walter Wanner
Signale aus der Tiefe

13207 Dieter Theobald
Alles halb so schlimm

13208 Manfred Siebald
Ist schon alles gesagt?

13209 J.H. Oldham
Ein Mensch wagt zu lieben

13225 Jay Adams
Christsein auch zu Hause

13233 Walter Wanner
Seelische Krisen erkennen, verstehen, bewältigen

13234 Siegfried Kettling
Wie der Mensch zum Menschen wird

13235 Ursula Koch
Sahel heißt Ufer

13236 Willy Kramp
Deine unbesiegbare Kraft

13237 Michael Griffiths
Gottes herrliches Volk

13252 Peter Barall
Wege aus der Angst

13253 John H. Gerstner
Warum läßt Gott das Gute zu?

13254 Willy Kramp
Wir sind Beschenkte

13255 Johanna Lorch
Solange es Tag ist

13256 Robert A. Morey
Was ist dran am Horoskop?

13257 Albrecht Schöll (Hrsg.)
Handbuch Jugendreligionen

13262 Friso Melzer
Anthroposophie – Ausweg oder Irrweg?

13263 Andreas Benda (Hrsg.)
Noch die kleinste Pfütze spiegelt den Himmel

13264 Dieter Theobald
Bedenkliches / Gebete aus dem Kirchenschiff

13265 Noreen Riols
Manchmal wünschte ich mir Flügel

13266 C.S. Lewis
Was man Liebe nennt

13267 Oswald Sanders
Und die Menschen ohne Evangelium?

13281 Daniel Bacon
Beruf mit Zukunft

13282 Urie A. Bender
Ihr werdet meine Zeugen sein

13283 Rolf Bielke
Kennzeichen C

13284 Heinz Böhm
Tödliches Schweigen

13285 Markus Maggi
Sieg trotz Niederlage
(Arb.-Titel)

13286 Robert Vittoz
Jenseits der Wälder

13287 Hanna Ahrens
Schenk mir einen Regenbogen